U0110973

天才少年的手

韓國天才少年
金雄鎔（左）
　　韓國金氏兄弟智商高達240，具有驚人的才能，兩人均屬天才 F 型，他們的母親也同屬 F 型。

卷首頁所介紹的著名人物的手相，都是作者直接拜訪當事人（有※記號者除外），觀其手相而取得者。在個別手型之下所表示的手相型（如 F 型）的意義，請參照內文。

政治家的手

BLⅡ型

反主流派統帥・三木武夫先生

以反體制的發言，試圖在保守黨內樹立新作風，獲得多數的青年層支持者。此為追求理想的典型手相。

ALⅢ型

社會黨黨魁・江田三郎先生

前書記長江田先生的手相，與他的競爭對手佐佐木更三先生的 BHⅢ型正好相反。A 型的人大抵不喜好鬥爭。

DL I 型

BHⅢ型

演藝界出身的議員．
青島幸男先生

在國會作出爆炸性發言：「首相是財界的男妾。」的青島先生手相，顯示有豐富的想像力與事業慾。

自民黨的特異分子．
宇都宮德馬先生

致力於恢復中日邦交，以特異政治家而聞名。B 型的手相，表示不妥協的信念與行動力。

實業家的手

BHⅢ型

BL Ⅰ 型

白手起家的男女二名企業家

擁有財界推土機別名的藤田觀光社長小川榮一先生（上）的手相，B 型表示有強運，是擁有嶄新構想與行動力的人。創設著名的生理用品「安妮」的坂井泰子（下），也是 B 型，係女性企業家的代表性人物。

演藝界的實力者·渡邊美佐女士

培育多數優秀演藝人員的「邊製作公司」副社長渡邊女士，以萬國博覽會音樂製作人而紅極一時。她的手相屬 B 型，與坂井泰子女士完全相同。

BL I 型

賺錢之神·邱永漢先生

直木獎作家，以賺錢的點子多而著名。這是將新構思逐一付諸實踐的手相。

BLⅢ型

文化人的手

BOⅢ型

直木獎作家・山口瞳先生

以描寫上班族的哀歌，而成為文壇巨擎。他的手相是文學家的理想型，顯示豐富的感受性。

異類的女作家・戶川昌子女士

從 OL 轉型為香頌歌手，又再轉型為作家。她的手相代表了多才多藝。

ALⅠ型

國際事件記者・大森實先生

以政治評論家而活躍世界各地，他的手相展現了直觀力與行動力明顯的攻擊型性格。

COⅡ型

文壇女性泰斗・圓地文子女士

感受性敏銳，過著曲折起伏的人生。成功的女性多屬這種手相。

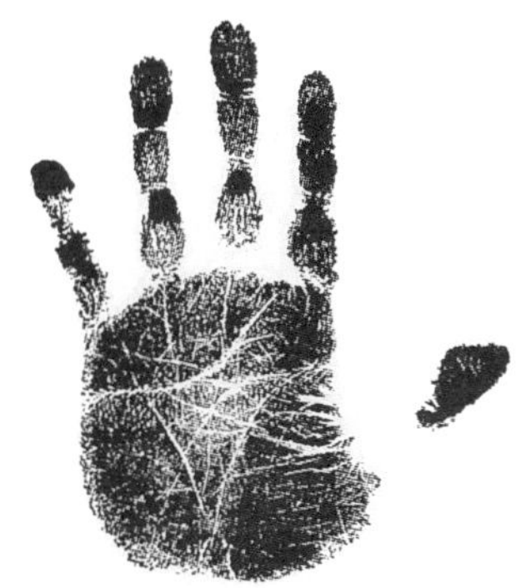

F型

以悲劇性死亡的作家·三島由紀夫先生

諾貝爾文學獎候補者，文名盛傳海外，其文學才能堪以鬼才譬之。

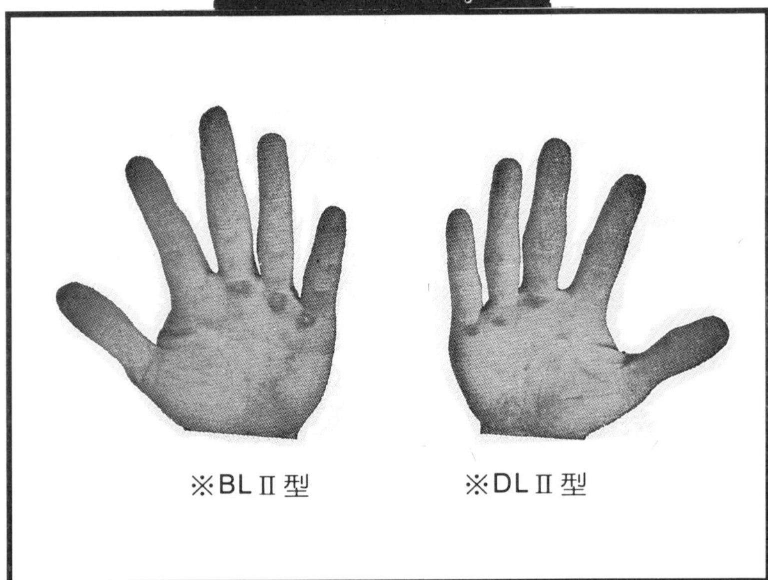

※BLⅡ型　　※DLⅡ型

演藝人員的手

EO Ⅱ 型

起居室裡的名人·池內淳子小姐

受到不分老少地喜愛，擅長發揮家庭的特性，在電視上的表現更優於電影。她的手相是第二影響線數較多，與她的魅力不謀而合。

BHO Ⅱ 型

諧星·三木典平先生

三木典平是與森繁久彌、有島一郎並列的著名諧星。他的手相顯示他具備多彩的演技力，從男扮女裝到默劇都能充分發揮，舞台風度也很優秀。

EOⅡ型

清純派女演員·
松原智惠子小姐

請與前頁池內淳子的手相比較，兩者屬相同類型，今後的發展可期。

F 型

著名歌手·坂本九先生
　　阿九的手相，屬F型的變形，表示擁有天才的才能與波濤起伏的人生。

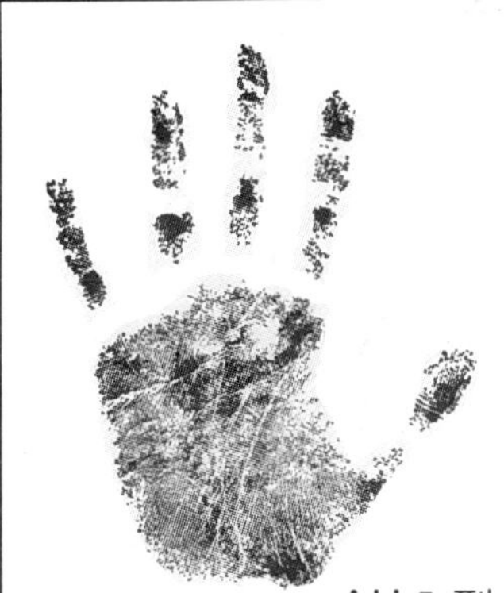

AH I 型

異類的外國演員·
伊迪絲·漢蓀小姐
活躍於螢光幕，她的手相顯示須到國外始能獲致成功。

神津堪娜（Ｆ型）　　中村明子（Ｆ型）

才能豐富的藝能家

光從手相就可看出著名童星堪娜完全繼承了她那星媽的才能，她的父親神津善行也是Ｆ型。

花生姊妹

雙胞胎歌手花生姊妹（照片左為姊姊伊藤惠美，右為妹妹伊藤尤美）兩人的手相，基本線都是「斷掌」，但小指根部的小紋路並不同。

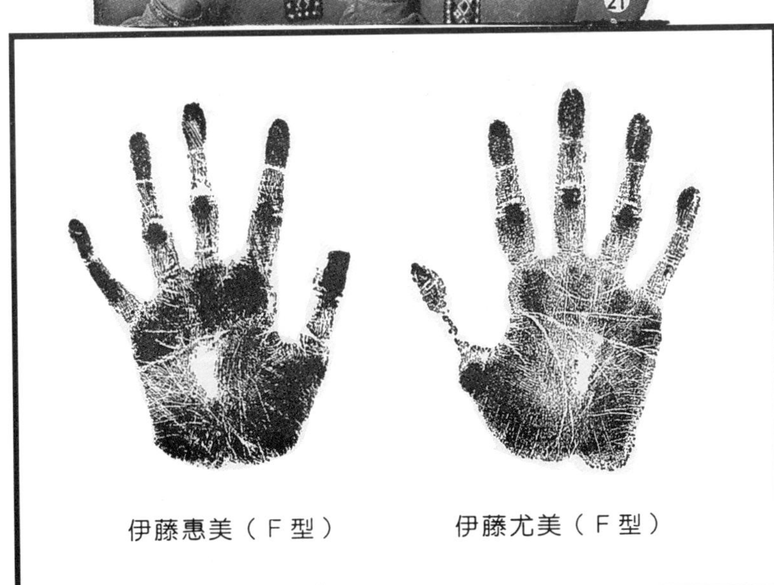

伊藤惠美（F型）　　伊藤尤美（F型）

運動家的手

DH I 型

阪神老虎隊教練·村山實先生
曾擔任投手，他的手非常大，長 20.3 公分。D 型的手相拇指粗，表示領導力強。

摔角巨人·馬場選手
紅透半天邊的馬場選手的手，與江戶時代的巨人力士·雷電的約略相同，後者長 23.5 公分，為日本第一大。

DH Ⅲ 型

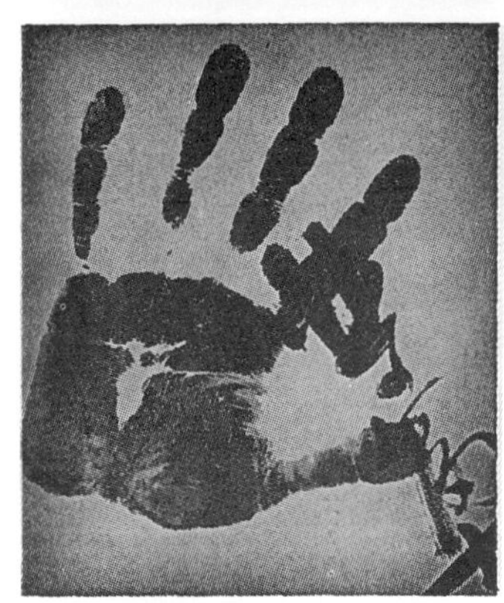

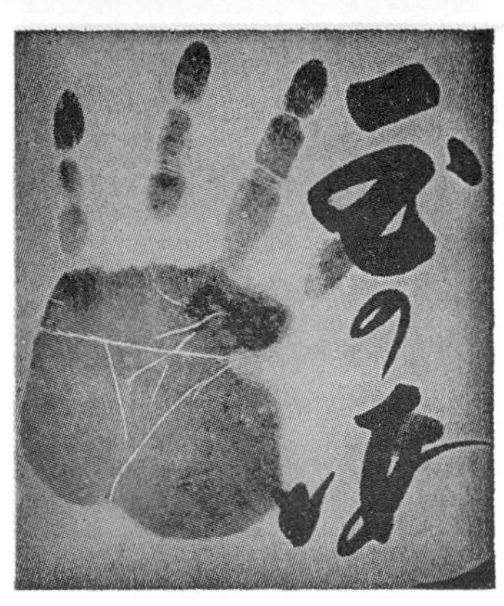

※北富士（BHⅢ型）　※玉之海（F型）

為相撲界開啟北玉時代的兩個橫綱

劃時代的兩個橫綱的手相差距甚大。北富士代表了理想的力士的典型手相，但玉之海的生命線上有異常，暗示他那悲運的死亡。

女子專業保齡球選手的NO.1．中山律子小姐

端麗的容姿外，手相中秘藏著能耐激烈運動之作為運動選手的骨氣，左手表示她的積極性，右手表示她內在的溫柔。

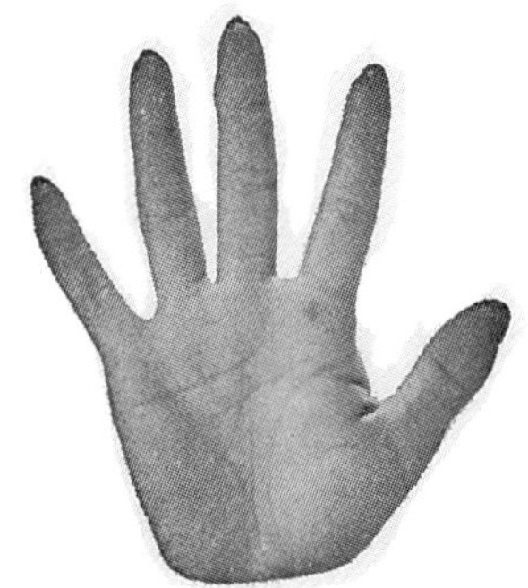

BH I 型

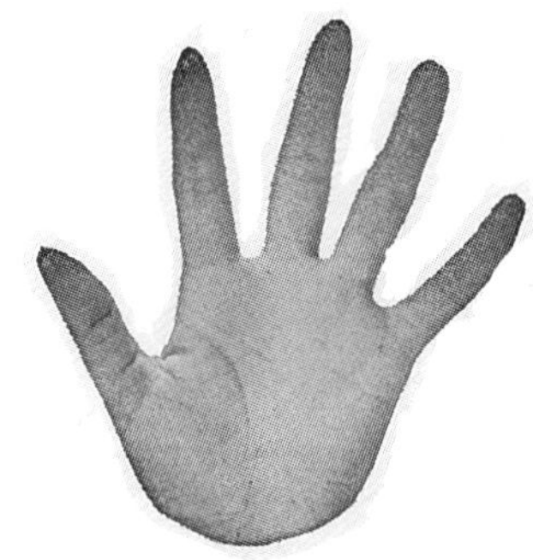

BH II 型

生活廣場 9

科學手相

淺野八郎／著
楊 鴻 儒／譯

大展出版社有限公司 出版
品 冠 文 化 出 版 社 發行

用哪隻手看你的手相？

實際看手相時，看右手或左手？常令人莫衷一是。自古普遍認為男看左手，女看右手，但我有個人獨特的想法。有關這部分請看本書四十五頁所載：「消極的手」與「積極的手」。

序　言

俗話說：「天下無難事，只怕有心人。」確實，只要努力，鐵杵也能磨成繡花針。但若能妥為選擇努力目標，則一番努力將能成為帶來幸運的意義深遠的努力。

大清早乘著爆滿的電車，在規定時刻上班，憂心忡忡地看著腕錶的上班族——這個人或許擁有領導太空時代的科學家的才能；想當技術員而披星戴月學習數學的學生——這個人說不定會成為日本的畢卡索；放棄結婚，每天攬鏡悲愁的女性——這個人的心靈之美或許是數萬個男人夢寐以求的。

任何人都祈求幸運。任何人也都能找到幸運才對。但如一而再，再而三地背離幸運之道，從事一些無意義的努力，則將與幸運漸行漸遠。不計失敗多少次，仍一心想跳上柳樹枝的青蛙的故事，或不懼風襲反覆補網、結網的蜘蛛的故事，都令我們由衷感動。但我們沒有必要平白當那樣的青蛙或蜘蛛。我們應該了解自己的能力，判斷自己身處的狀況，再加上全力以赴，期能一矢中的，獲得成功。

發現自己的能力，使自己完全適應社會，是開啟自己命運的初步。除此之外，對於在火車上邂逅的人、新學期坐在鄰座的人、電影院坐在一旁的異性、初見面的相親對象、來自外國的商談對象等，凡是第一次見到的人，苟能瞬間掌握他們的心，那麼將更踏實地邁向幸運之道。

是否有簡單可以了解自己、理解對方的方法呢？足以達成這項願望的，就是「占術」。而在占術中最簡單的，就是手相占卜。但是手相占卜的可信度如何？

「手相準嗎？」這是人人都有的疑問，只是在此之前始終沒有人解答這個謎。雖然這世代學問已很進步，泰半物事也都能合理說明，可是手相為何仍被視為神秘而乏人深究呢？

我對此頗不能苟同，於是開始了有關手相的研究。當然，我不是專業的心理學家或醫師，也不是以手相占卜為業的占卜者，我不過是針對一般人對手相所懷具的疑問，根據我長年的經驗，以及在法國所習得的學問、知識，進行解明罷了。故本書中多半內容，誠可供作關心手相的人判斷手相占卜是否值得信賴的線索。

或許我的這項研究，會使在沙漠中迷途的旅人原以為發現了綠洲，結果卻只是海市蜃樓般的幻影罷了。但我仍願不揣鄙陋向諸位報告，確實存在著綠洲。期待爾後有多數的科學家，能夠確認我這旅人的報告是無誤的。

以科學性解明手相的動向，如今行將上路。舉世聞名的『大英百科辭典』最近版的「手相」項目，其所載內容與從前相較已有重大差異，明顯令人感覺有了以科學性的眼光看待手相的胎動。

最後，承蒙早稻田大學心理學系主任教授本明寬先生、東京大學醫學院教授時實利彥先生、警視廳科學檢查所主任技師町田欣一先生，對我未成熟的研究，各以專家立場，惠予指導，謹此申謝。

此外，有關文學家的心理診斷，我引用了國立精神衛生研究所片口安史博士辛苦著作的『現代作家的心理診斷與新的作家論』（「國文學・解釋與鑑賞」別冊）中羅沙哈測驗的結果，在此亦表由衷謝意！

淺野　八郎

目　錄

第二章　手相的具體看法

5 帶來成功的手相

6 手相能預報疾病

第三章　朝手相學出發

2 手紋有何意義？

第一章

手相占卜有多準？

1 看手相的素材無限多

社會已穩定，占術仍不會消失

最近很多人對占術賦與關注。尤其在年輕女性間更是方興未艾。以女性爲對象的週刊雜誌，必設有占術欄而廣受閱讀。

一九五五年日本文部省迷信調查協議會的報告指出，針對占卜、手相、人相之運勢判斷，相信其準確的人數，在接受調查的六三七三人中佔了一八九名；認爲或許準確的人，則有三四六一名，合計佔全員約五七％。故知有半數以上的國民仰賴運勢判斷，或有仰賴運勢判斷的可能性。同時值得矚目的是，對占術關心的人數，並未因時代之進步與社會之益趨穩定，而益形減少。

對於占術，或類似占術的「方位」、「擇日」、「八字」、「十二支」等關注的人數，茲相較前述文部省迷信調查協議會一九四七年度的報告與一九五五年度的報告，可如表1所示，其數目反有增加傾向。

〈表1〉

相信占術或類似占術的人，比剛戰敗之際更增多。（文部省迷信調查協議會統計）

①你認為占術（手相、占卜等）準或可能準（A）嗎？

年份	(A)	不認為
1947年	16%	84%
1955年	56.68%	43.32%

②你會根據十二支（子丑寅）判斷人的性質嗎？

年份	會	不會
1947年	40%	60%
1955年	53%	47%

③你論及婚嫁時會配八字嗎？

年份	會	不會
1947年	61%	39%
1955年	58%	42%

④你會介意方位嗎？

年份	會	不會
1947年	68%	32%
1955年	75%	25%

⑤你會介意日子的吉凶嗎？

年份	會	不會
1947年	73%	27%
1955年	76.7%	23.3%

姑且不論我們是否相信占術，但我們都不知不覺地在日常生活中應用占術，使日常生活多多少少受其影響。

爲什麼占卜對人類生活有如此大的影響力？在考量這點之前，必須先考量「是什麼人相信占卜？」「人們對占術採取什麼態度？」等問題。以前述協議會值得信賴的統計爲依據，更進一步詳細分析國民生活中的占卜實態。

究竟哪些人關心手相和占卜呢？先來比較是都會人或農村、漁村的人較多？表2的上欄表示關心者與無關心者的比例，並以地域別作區分。根據該統計，對占卜強烈關心者，並無農村，漁村或都會之別。一般普遍認爲鄉下人對占卜較感興趣，然而由此統計範圍可知，那種想法是錯誤的。

女性真的對占卜較關心嗎？

男與女，誰較關心占卜呢？依據一九五五年的統計，認爲手相或占卜準確或可能準確的人，男性佔三八四四名中的二一七九名（五六・六八％）；女性佔二五二九名中的一四一七名（五八・一六％），可見女性的關心程度稍強，但男女間其實並無重大差異。因此，一般認爲「女性對占卜較關心」的一般說法，

	關心占卜	不關心占卜	不明
【地域別】根據 1946 年文部省迷信調查協議會的報告			
都　　會	27.2%	72.8%	
農　　村	27.2%	72.8%	
漁　　村	32.1%	67.9%	
【學歷別】根據 1955 年文部省迷信調查協議會的報告			
大學高中畢業	50.80%	41.65%	7.55%
國中畢業	57.53%	31.35%	11.12%
其他（含小學畢業）	57.85%	28.19%	13.96%
【年齡別】根據 1955 年文部省迷信調查協議會的報告			
29歲以下	58.86%	30.70%	10.44%
30～39歲	58.31%	28.48%	13.21%
40～49歲	56.26%	31.32%	12.42%
50歲以上	54.66%	29.01%	16.33%

〈表2〉　是否關心占卜的地域、學歷、年齡別統計。

按此數據而言，未必正確。

不過，我們普遍也認爲，教育素養不太高的人或老年人對占卜較感興趣；但實際上關心占卜者究竟以何年齡層、何學歷的人居多呢？

表2的中欄表示占卜與學歷的關係；表2的下欄表示占卜與年齡層的關係。根據該項統計可了解，在年齡方面，令人意想不到的，年輕人比老年人更關心強烈；至於學歷方面，則接受高等教育至大學畢業程度的人，有五○%左右認爲占術或許值得信賴。

連醫師也二人中有一人認為「可能準」

其次，探索以何職業的人居多。依據文部省迷信調查協議會一九五五年度職業別集計，顯示抱著「準，或可能準」想法的人，以農業從事者、漁業從事者、勞務者居多，醫師、教師等知識勞動者則較少。但醫師中有接近半數答以「可能準」的事實，也令人頗感意外。

疾病時，任誰都或多或少會信仰神，和想依靠運勢判斷，但病人是否比健康人更仰賴占卜呢？根據調查，健康人中認爲運勢判斷準或可能準的人，佔了全體的五七%；而病人卻僅及五五%。由此點看，病人未必較相信占術。唯確信占卜準的人數，仍以病人爲多。

諸如此般，占卜給予我們生活的影響，遠超乎我們的想像。再者，容易依靠占卜的人，不分男女、年齡、職業、國民的各階層都有。國民的半數以上有煩惱時，就會想到占卜占卦。這是否意指日本人的知性水準遜於歐美的？我認爲不宜如此斷定。在歐美的先進國家亦然，想將占卜融入生活的意願，實際上與日本同程度。

靠占卜決定獨立日期的國家

一九六〇年三月美國『生活』雜誌指出，在美國以占卜爲業的人數約五千人，而曾造訪占卜師的人數則高達一千萬人以上。第二次世界大戰以後，美國流行占星術，思及處處標榜科學的美國人的特質，這種流行實在令人錯愕。占術不僅在美國大行其道，也在歐洲各國風行草偃。

美國相關占卜的專門雜誌有二十種類以上。另外，在阿根廷、巴西、烏拉圭的一般日刊報紙，也都多見占卜欄；至於法國的娛樂雜誌，通常每期也有占星、占手相的內容。

在亞洲諸國，占卜已不被視爲娛樂，而在日常生活扮演重要角色。第二次世界大戰後，緬甸獨立，當時該國總理大臣烏努先生將緬甸的獨立宣言延期到契合自己運勢的日子發表，一度傳爲話題。

現代人為什麼需要占卜？

今日的科學高度發達，是科學萬能的時代，但占卜仍如此風行，可推想出的原因相當多。

首先，如現代般的社會機構已超高度發達，人際關係愈複雜化，個人猶似機器的一部分。但人類始終很難與機械化、集團化的某些層面同化，所以日常生活上難免呈現各種不滿與煩惱。而類此生活的不滿與煩惱勢必自行解決，這問題於是成了個人的課題。然而卻又缺乏徹底解決的辦法。生活於太空時代的我們，就算想崇信揭櫫愛或佛的慈悲的宗教，總由於生活過度忙碌而辦不到。

此外，想習得心理學上所教示的種種煩惱解決法，則有賴相當程度的專門技術。以上就是我們現代人仰靠占卜的理由。不信仰宗教的人，竟而取信超自然的占卜，好似相當矛盾，這可能緣於占卜不像宗教般，存在著強制個人的教理或制約。當個人求助於占卜時，並不需要判斷力或思想。

故而社會機構愈高度化，經濟活動愈活潑化，現代人愈想將自己的未來託付給單純的預言。

一如前述的統計所示，占卜不但流行於農村，在社會機構高度化的都會也同樣普及。同時不僅老人，連在社會上營運實際活動的年輕世代，也廣泛支持占卜。

占卜是高機率的偶然

法國詩人保羅．瓦雷科（Paul A．Ualery）的散文中，曾寫及不太深刻思考的事，而僅憑「偶然」採取行動的人的故事。結果，那人並未陷入不幸，相較三思而後行的人，並無明顯不同。當然，這是較誇張的例子，凡事憑偶然而「停止思考」是不值鼓勵的。但對於缺乏決斷力與毅力以實踐自己的信念的人，類此般「寄託偶然」的非常手段，卻助益甚大。其實占卜也是一種高機率的偶然，占卜對於尋獲生活的指針，並非完全無意義。

2 東方的手相術、西方的手相術

日本占卜師的占法

通常占卜是由什麼人進行呢？今天在日本有數千人以占卜為業。這種以占卜爲業或生活的占卜師的出現，是江戶時代以降的事。江戶時代『塵塚談』一書中提到：

「在諸所（以占卜爲業者）居住，而生活者數百人；其中高名者，生活豪華；另赴街上討活計者，每一町別至少一人，其數高達千人」之譜，可見江戶時代占卜已經盛行。根據『日本歷史大辭典』的「占卜師」項說，當時的占卜師分爲三種類，站在街頭的叫「街占」，借街屋占卜的叫「店占」，赴旅館或應邀外出占卜的叫「宅占」。

這些占卜師用什麼方法占卜呢？大部分是看手相或面相的「觀相」，還有使用算木和筮竹的「卜筮」。這些占術都源自中國的陰陽學，其中認爲宇宙由陰陽二元素所構成，了知這項法則，人類世界的一切都能加以預測。

本書特要闡論的是手相占卜，故特針對手相的歷史略作探討。

佔優勢的西方派

中國手相據說以周朝的叔服與姑布子卿爲始祖，但作爲手相術加以推廣的，則是漢朝許貞、宋朝陳摶、明朝袁忠徹等人。袁忠徹所寫『神相全編』，爲現

圖3　中國古來的手相圖

存最古老的手相文獻。

該書中，關於手紋，是取如圖3的名稱，認爲天紋關係人的身分，人紋關係人的貧富，地紋關係人的生命，據此指導占卜的方法。據說這種手相的占法，是在平安朝中期，與易學一併傳到日本，不過此說並無現在文獻確證。到江戶末期，『神相全編』的占法已經普及。當時水野南北還以『神相全編』爲本，寫成『南北相書』，這是有關手相的日本最古老的文獻。

『南北相書』對此後的手相占有重大影響，到明治時代末期，占卜師主要都根據其占法占測。

迄大正時代，手相的傳說產生了大變革，因爲歐美的手相占卜被介紹到了日本。受歐美手相占卜影響的人中，以永鳥真雄、中村文聰、大和田齊眠等人較著名，今日日本的手相占卜書，多半屬此系統的人所寫；如其不然，則多出於古來東方派占法的高嶋易斷和關西的出雲鑑定所的系統的人所寫。因此，街頭的手相占卜師，多屬此二系統之一。比較西方派與東方派的流派，究竟何者較受歡迎？就最近而言，以西方派的占法較佔優勢。

雖然採取西洋流派占法的集團，以自己的方法較科學化作爲招徠。殊不知稱爲歐美式的今日日本的手相占卜業已落伍。

我曾針對最近日本販售的有關手相的五種類書，詳細調查，結果發現其占法係以古歐美的手相術爲基礎。

現茲來追溯被認爲是，今日日本手相占卜源流之一的歐美手相占卜的歷史。

「神在人類手上所蓋的命運印章」

看手相占卜命運的習慣，始於何時？何處？關於此點並未有明確的現存記錄，但一般認爲約始於二千五百年前的印度。看其手而觀其命運的風習，最早受到古希臘人的矚目和記錄。亞里斯多德在『形而上學』中提到：「手，並不只是一種機能，而是各種機能的顯現」，顯然已注意到手的複雜意義。

同時，在『舊約聖經』「約伯記」中也記載，「神在人的手蓋了符號或印章，據此使一切人了解他們的職分」，這明顯表達了手相的內涵。由此看來，人類很早就對自己的手很關心。不久，希臘的手相占卜由回教徒和猶太人推介到歐洲，但隨著中世紀黑暗時代的來臨，而一度式微。

十九世紀初，向來追求羅曼蒂克的法國人，才又復活了古代的手相占卜。於此時期，法國的迪巴洛（一八〇一～一八八九）和達爾班提尼（一七七八～一八八？）二人，對手相的普及提供了莫大貢獻。尤以前者所寫『手的神秘』一書，當他在世時再版了四十版，銷售驚人，這表示法國人雅好此道。據說迪巴洛在當手相占卜師之前，以描畫貴族肖像維生。到三十歲時，才開始研究古代的手相占卜，轉而擔任手相占卜師。

達爾班提尼則是拿破崙皇帝的附屬武官，據說他是從軍到西班牙時自吉普賽人學會了手相占卜，從來將長達十年的研究成果，於一八三九年以『手的科學』爲名發表。現將這兩人手相占卜的特色簡單說明如下。

達爾班提尼主要靠「手形」占卜斷，迪巴洛則以「手紋」爲中心占卜斷。

近代歐洲的手相占卜大部分屬這兩人的系統，故可謂他們是近代手相學的元祖。

然而這些手相學主要強調占卜，缺乏科學的實證性。

《關於手相的名言》

莎士比亞『威尼斯商人』

「（看看手）我可以把手放在聖經上發誓，到義大利全國找找看，如有比這運氣更好的手相……你看，這並不是值得炫耀的稱爲長壽紋的東西。」

康德『人類學』

「成爲有理性的動物的人的特徵，存在於其手、指頭及指尖的形狀與組織裡面。」

巴爾札克『堂兄彭斯』

「手相術的根據，就在這裡。朝向某人，根據他的手樣，就能預言他生活上的種種。這對於具備預言能力的人而言，絲毫不引爲不可思議。」

菊池寬（摘自「文藝春秋」）

「人類的命運會出現於掌中的紋樣，是令人匪夷所思的。但由於掌紋附著在人體上，所以比算卦更值得信賴。我本身就對手相深信不疑。」

漢斯．卡洛薩『美麗的惑年』

「『我擁有相當好的業，它就呈現在手相上。』——能讀取的人就讀出來。」

「科學性」的研究動向

邁入二十世紀後，開展了以科學性更解明手相的動向。雖然迪巴洛當時手相已爲一般人所理解，但那時的手相占卜師多是些奇妙的人物，因此很多人視之如惡魔的使者般。可是此中出現了從心理學或醫學的層面研究手相的人物，那就是法國學者C．魯謝與巴斯基德。巴斯基德在他的論文「手的心理學研究」中闡述，藉由手，能理解一個人的不安、精神緊張、疾病、性格等。這項研究雖仍不足以確立真正值得信賴的手相判斷方法，但自從巴斯基德、魯謝等科學家對手相賦與關注以來，以科學解明手相的運動就更活潑了。

一九三〇年至一九五〇年，心理學家、醫學家、精神病理學家等，很時興研究手相及手，並累積了很多成果。諸如英國C．沃爾夫的著作『人類的手』與『動作的心理』，以及法國H．孟浪的研究，都十分引人矚目。當前歐美這些有關手相及手的研究，已超越古代的命運占卜，而發展爲心理學的一部分。

與這些歐美的手相研究相較，日本的手相研究因一直在乎基洛和賓賀姆的占術，所以遠遠落在後頭。基洛和賓賀姆都是迪巴洛的弟子，他們的占法無啥進步、變化。如果日本手相占卜師老是使用落伍的看相術，一般人勢將對手相失去信賴。尤以日本的手相占卜，始終由未具備理解手所需心理學與解剖學方面知識的人施術，以致無法充分接受科學性高的歐美手相學

只憑經驗或直覺，是不可能理解手相的。

爲使日本的手相能提升到一般的科學水準，多數人均須冷靜重新思考手相才行。抱著這種態度來理解及研究手相，或許不久後，它將成爲與今日任何一種心理測驗，都不相違背之足以診斷性格、發現自我的最簡便方法。

手相占卜的占準率

一般而言，手相占卜能信賴至何程度?其之占斷又具有何科學性根據呢?約五十年前，前述的巴斯基德也曾產生同樣的疑問，於是他調查了當時手相占卜的占準率。根據該項報告，以手相進行判斷而較準確的項目如下：

①性格、智能等人格特徵　占準率（註）

1. 性格的判斷　三一％
2. 智能　五六％

3. 年齡推定　七五％
4. 其他人格特徵　八五％

②生活態度
1. 易激動性格　八二％
2. 橫暴性格　八六％
3. 衝動性格　七三％

③疾病（既往症）
1. 關節疾病　七〇％
2. 肺臟疾病　七七％
3. 消化器系疾病　四九％

（註）占準率——同類型的百人中，有多少人出現這種型手相的比例。

根據巴斯基德的調查，在判斷疾病、生活態度、年齡、人格特徵方面，手相占卜頗具可信度。

不過，它在性格與智能判斷方面，則顯得可信度較低，就前者而言，或許肇因於巴斯基德對性格的解釋方法有誤。他所列出的生活態度項目，其實應歸屬性格特徵。若考量到那些項目的占準率，就能發現性格判斷這項的占準率，實際上相當高。

誠如以上所述，根據巴斯基德的調查，在判斷人的疾病、性格等事項上，手相占卜的可信度很高。

至於作爲手相占卜最重要要素的預卜未來，即所謂預見命運一事，其可信度多高呢？它是否未如我們所期待的有那般高的占準率呢？

巴斯基德曾以相同方法調查根據手相預占未來的占準情形，其結果如下：

	占準率
數日內的預知	六五％
一個月	六五％
三個月	三四％
六個月	十七％
一年	十三％
三年以上	九％

據此結果，三個月以內的預知較易占準，而半年以上幾乎都不準。只達一

七%～九%的占準率，這種預知只能算是偶然占準罷了。

問題是三個月以內的預知的占準率，卻又高得不能以偶然看待。

我本身也曾針對一九五四年，以前看過手相的人的占準情形進行調查，其結果如下：

	調查人數	占準人數	占準率
①過去的生活態度	一二〇	六四	五三%
②現在的生活態度	六五	三六	五五%
③性格	七〇	五七	八〇%
④疾病（既往症及預知）	一〇〇	四三	四三%
⑤未來的預知（一年～二年）	七〇	二二	三一%

我的調查結果與巴斯基德的報告非常接近。此事不能不令人想及一般視爲「迷信」的手相占卜，具有某程度的可信度。但巴斯基德與我本身的調查的最大瑕疵是，所採的調查方法不太科學，故其結果也不能斷定爲絕對。欲將那些結果斷定爲可信度高，勢須採取手相診斷以外的各種科學性調查方法才行。

例如，必須一併仰賴其他可信度高的心理性格診斷測驗，來判斷以手相所判定的性格診斷是否準確。

基於這種種的考量，我乃決心自心理學及醫學層面，對手相進行綜合性的研究。

我所嘗試的研究法

自一九五一年起，我開始針對向來不為多數人矚目的手相，近乎冒險地嘗試通過科學加以解明。我的方法是，先記錄很多人的手型（類似相撲力士的手型），再根據手紋的特徵分類那些手型。他方面再周期性地取同一人的手型，觀察其手紋的變化。這些調查都屬前置性作業，目的在了解手紋有否個別差異，以及可否用手紋特徵如血型或指紋般類型化手相型。以上是我研究手相的第一階段。

接著，我調查手相特徵與人的性格、精神狀態等的關連性。方法是採用目前公認具高度科學性的心理測驗—主要是羅沙哈測驗。至於相關病歷及當前的體況，則是透過與家屬面談獲得資料。

以上是我研究手相的第二階段。

不過，如此獲得的資料，仍須賦與科學性的解釋。尤其務得從心理學、醫學方面探討手相。因此截至今日，我依然盡可能地參閱歐美有關「手」的解剖學、發生學、外科、心理學、精神病學等文獻。

進入這階段以來，我迄今仍不停地嘗試想解明「手相可信嗎？」這個重大而艱困的問題。

我向手相占卜挑戰的動機非常單純，與許多人的經驗沒有兩樣。學生時代我常閱讀雜誌中的手相占卜，並對之產生濃厚興趣。當時常基於娛樂消遣而看看朋友們的手相。一九五五年，我獲法國政府資助，以公費留學生身分赴法國南部馬賽附近的愛克斯昂．普羅旺斯大學與巴黎索邦大學，深造言語心理學。留學期間，我結識了尼斯地區的手相占卜師畢卡爾夫人，學習了很多歐洲手相術。法國有非常豐富的手相文獻，僅尼斯一地的普通書店就約有二十種類，並且與日本的手相書相較，內容更富實證性，人人都可輕易了解，這點令我相當驚訝。

此外，我趁赴義大利、法國、西班牙旅行之便，也曾調查各該地方的手相研究情形，結果發現它們都方興未艾，令我獲益匪淺。

其間，當時法國的C．沃爾夫所發表的『人類的手』，在巴黎的學者與學生中引起熱烈討論。索邦大學的朋友們也議論紛紛。我們一夥人還成立了手相研究社，聘請法國著名的手相研究家H．孟根前來演講。

我回日本後，亟思再次正式進行研究，首先調查的是，手紋是否和我們的性格及命運有關係。不過當時我完全沒有使用手相占卜的方法，僅針對手相特徵與心理的關係、人類的手與動物的手間的差異、胎兒的手如何發生與發達、幼兒的手機能如何發達、疾病種類與手的關係、大腦與手的關係等問題加以研究。

其次，才探討到手紋如何刻鏤的手上，手紋與遺傳的關係、人類的手的進化過程、手骨骼和手紋的關連、手肌肉神經與手紋的關係、站在外科立場所見的手紋特徵等問題。有關這部分的研究、請參閱「第三章　朝手相學出發」。

以上是我所進行的研究結果與向來手相占卜的成果。能夠吻合至何程度，是我在本書的究極目的。不過，我並不全面否定從前的手相占卜，我只想探索其真實性。

在這立足點上，現在先請瞧瞧你本身的手吧！

3 淺野式・手相的類型

四條基本手紋——生命線、智慧線、感情線、命運線

請瞧瞧你的手有幾條紋路，如果你身邊有人，也請看看他的手。你會發現他的手紋與你的並不相同。如眾所周知，指紋因人而異；但絕少人知道，世上絕難找出兩個相同的手紋。即便是雙生兒，手相也不同。所以美國的醫院裡，也會記錄初生兒的手型，利用爲自眾多新生兒中辨認特定孩子的方法。

請參看圖4的拇指根部，這是手掌中肌肉最發達、肉最厚的部分。在解剖學上，這部分稱爲拇指球。另外，拇指球反對側的手腕側，也有多肉的部分，這是解剖學上所稱的小指球。

拇指球附近，還有自食指那邊朝手腕方向延伸的非常長的手紋，即圖4之①，從前這兒就叫**生命線**。姑且不論古來的手相占卜看方法正確與否，我們仍不妨沿用其稱謂。

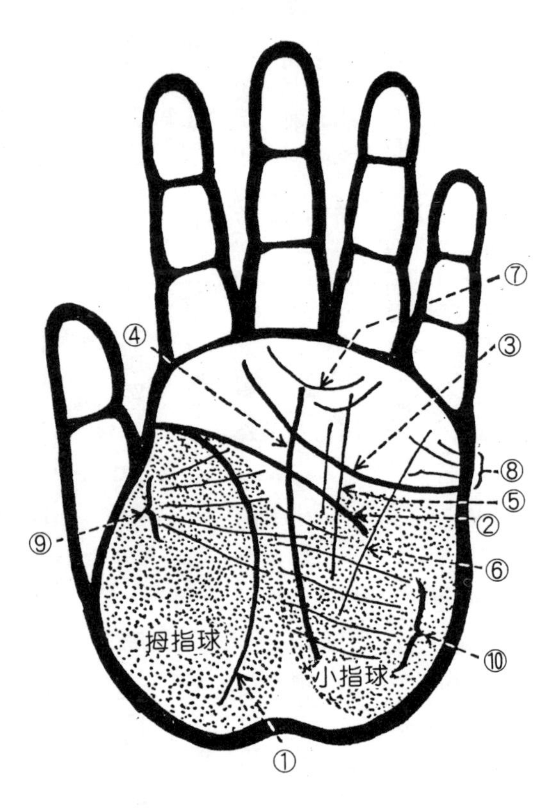

①生命線　　　⑥第２生命線
②智慧線　　　⑦第２感情線
③感情線　　　⑧婚姻線
④命運線　　　⑨第１影響線
⑤第２命運線　⑩第２影響線

圖４　手紋的稱呼。請依據本圖記憶。

接下來，多數人自掌中心部斜向地橫斷一條非常明瞭的手紋。不過有些人並不僅一條而已，有人有數條，或有斷紋的情形。這條紋古人稱爲**智慧線**（圖4之②）。

另外，手掌最上部有稱爲**感情線**（圖4之③）的條紋。這條紋的形態因人而異，沒有一定，但通常都是自食指和中指間朝掌外側彎曲。

以上三條紋，多數人都擁有，連初生嬰兒的手上也能明顯看見。

再看看掌的中心部，由中指下方附近朝手腕方向，平行生命線，縱斷手掌也有線紋。多半成人都有此紋，但有人有數條，或只是短紋，也有少數例子完全缺乏它。這就是**命運線**（圖4之④）。

這四條紋是我們手上的基本紋，可稱之「四條主線」。

其他手紋的新稱呼

附屬這四條主線，還有諸多如下的條紋。現一併參考圖4進行說明。

圖之⑤　第二命運線　根據歐美手相術，稱爲太陽線（Line of Sun），被認爲與金錢運相關。

圖之⑥　第二生命線　根據歐美手相術，稱爲健康線（Line of Health）。

圖之⑦　第二感情線　根據歐美手相術，稱爲金星環（Girdle of Venus），聽說神經質的人居多。

圖之⑧　婚姻線（小指線）　自古作爲了解婚姻與子女數的線索。

圖之⑨　第一影響線　在手相術上並無明確名稱，這是我本身以研究結果所取用的名稱。本紋會隨年齡而變化或消失。如圖般多數人擁有數條，其形態亦各不相同。

圖之⑩　第二影響線　古來的手相術對此也沒有明確稱呼，這是我取的名字。與第一影響線相同，有種種的變化。命運線附近的第二影響線，在思春期最發達，也富於變化。小指球手腕側的第二影響線與第二生命線，會隨體況變化或消失或出現。

手相型及其出現率

前已述及，我們手上有各種紋，並且它們都呈固定傾向。依據我的調查，它們大致以生命線、智慧線、感情線等型分類。

《生命線型》……（圖5）

A型——生命線與智慧線的啓始部分重疊，有與D型相似處，但這兩條線重疊的部分較引人注意。其重疊的長度顯然比D型短。若食指與中指中間有垂直線時，A型是在此中線內側分岔，但D型卻是到這中線處，仍重疊成一條。一九六九年到一九七一年間，經調查一一、三八〇名男女手相結果，其中十八・二%係呈現這手相型。

B型——生命線與智慧線的啓始處稍微分離。有十二・三%的人屬此型，但出現於男女的比率則不同。男性爲八・五%，女性爲十七・七%；同時其特徵爲以長女和長男居多。西歐人屬此型的比東方人多。

C型——生命線與智慧線啓始處相當分離。屬此型的人非常少，僅佔二%而已。

D型——生命線與智慧線在途中重疊成一條線。試與A型比比看。日本人中五六・二%屬此型，是最多見的手相型。

E型——智慧線橫切生命線，到達拇指相處。這一型很少見，只佔全體的一%以下。並且就生命線型而言，出現率也最低。

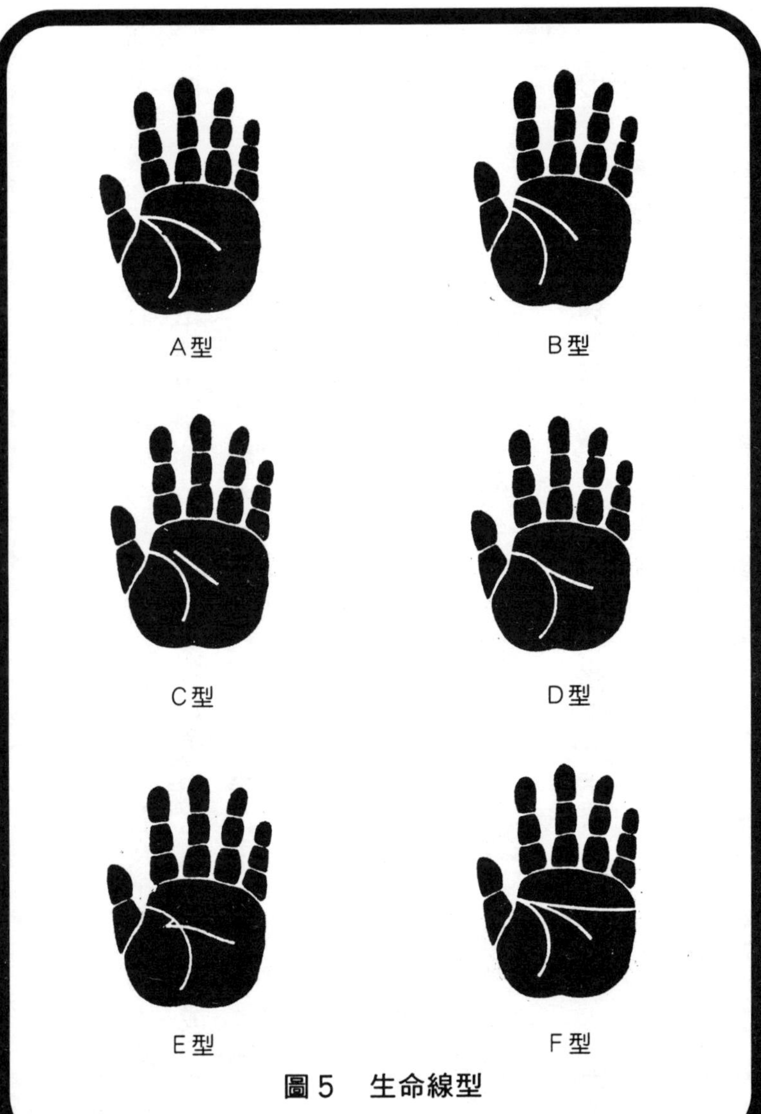

圖5　生命線型

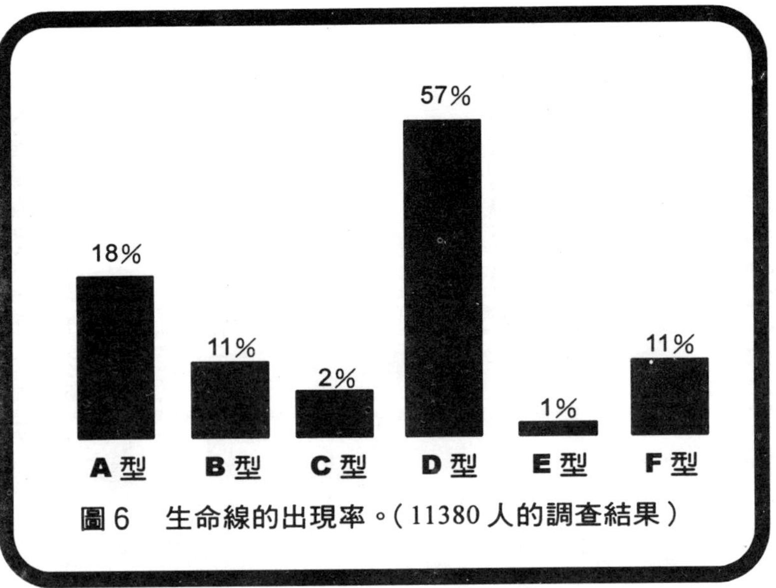

圖6　生命線的出現率。（11380人的調查結果）

F型——智慧線、生命線、感情線啓始處合爲一起。這就是所謂「斷掌型」。

本型有時缺乏智慧線；西歐人較少見，東方人較多見，佔十一%。又男性比女性稍多，男性佔十三%，女性佔七%。

誠如上述，生命線分爲數種，其出現率則如圖表6所示。

那麼你的生命線屬哪一型呢？本書中將依據生命線型的記號，施行各種手相診斷，故請清楚理解你的左右手相型。

如此理解生命線型後。請接著瞧瞧智慧線型。

《智慧線型》……（圖7）

將手掌外側——由手腕到感情線起端——如圖7所示般加以四等分，依序自下而上編號碼。嚴格說，最好是用定規來測定，但此處以目測劃分即可。各位可能會發覺，一般智慧線以在3的區域結束居多。此外，亦可能有人的智慧線是彎曲至下方，抵達2或1的區域。智慧線型就是據此按智慧線的紋路特徵加以區分。

O型——智慧線在3的部分結束。

L型——智慧線在2的部分更下方處結束。

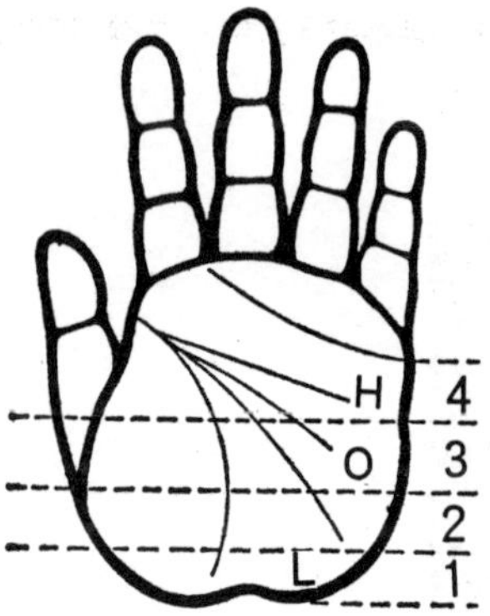

H型——智慧線在4的部分更上方處結束。

通常一般人都屬以上三型，但有人的智慧線末端分岔成兩條。此際，可於兩條線紋末端做記號，例如HO型或OL型。

他方面，經調查一一三八〇人的手相，結果智慧線型係以如下比率出現：

O型——五三三二人（四六・八％）

圖7　智慧線型

H型——二六三五人（二三・二％）

L型——二六九一人（二三・六％）

HO、OL等的混合型——七三二人（六・四％）

這項結果顯示O型最一般性，其次爲H型、L型，兩者約同比率。

《感情線型》……（圖8）

普通的感情線型係由小指側開始，至食指與中指間結束，但也分成各種型。

Ⅰ型——結束於食指與中指中間。這Ⅰ型中，有人是在其末端分爲數條。

Ⅱ型——結束於中指下端。本型中，也有人並非一條線紋，而是分爲數條；另也有人是折彎的或雙重的等。

Ⅲ型——結束於食指下方。

感情線如上述有三種型，但一般而言，以Ⅰ型居最多，再依次爲Ⅱ型、Ⅲ型。

以這種方式分類的生命線、智慧線、感情線型，加以組合成例如，AOI型或AHI型等，便非常方便觀覽。這三條主要手紋型，一生中甚少變化，因此，如將手相型加以記錄，不失爲新的個人識別法。

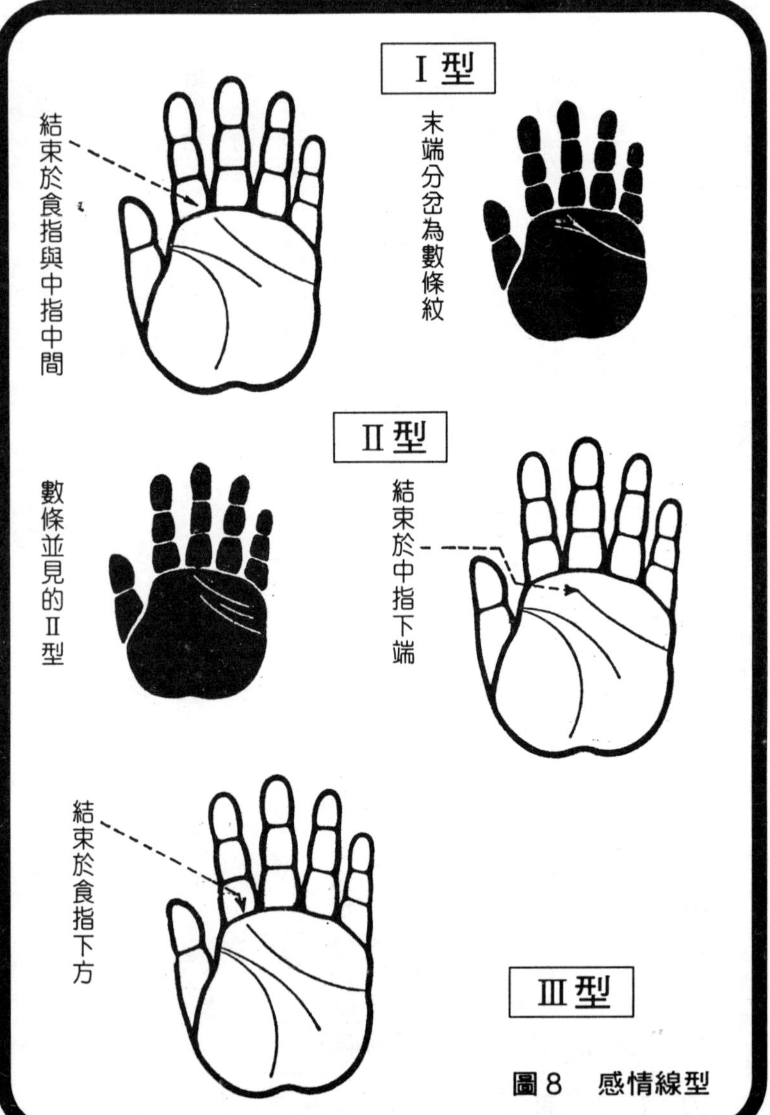

圖8　感情線型

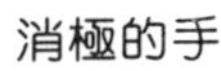

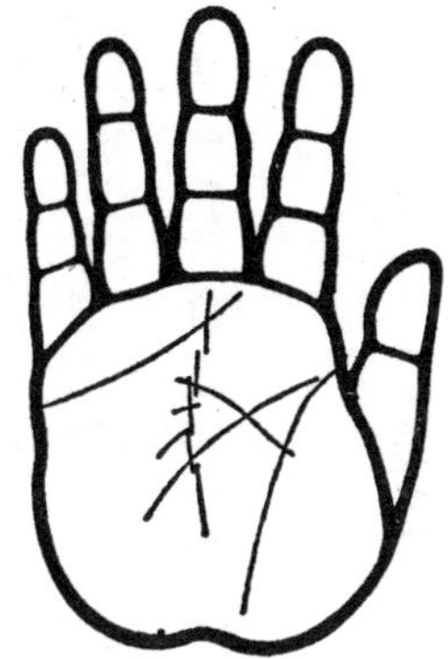

圖9　試比較你的右手與左手。

「消極的手」與「積極的手」

試比較我們的左右手，其外形看似相同，但仔細觀察手紋，都有差異。例如，請參見照片頁照片⑭三島由紀夫氏的左右手。左右手相型並不同。

再請看圖9的手型，這三條主要線紋泰半屬同型，但命運線附近卻差異甚大。左手命運線呈一條線紋，沒有折彎或中斷；右手命運線卻短促而斷斷續續爲數條。

類此情形常見於多數人的手。我則是將命運線附近變化多的手稱爲「積極的手」；變化較少的手則稱爲「消極的手」。

一般而言，左手是消極的手，而右手是積極的手。但這並非絕對。同時，消極的手、積極的手，與慣用右手、左手不太有關係。左撇子未必然左手就是積極的手。

何以造成積極的手、消極的手，沒有辦法充分加以說明。不過，如「第三章 朝手相學出發」所述，幼兒左右手命運線部分差距少，隨著成長差距才愈明確。所以我認爲人的生活環境、生活態度的變化，會造就積極的手。

故此看手相時大可不必執著男看左手，女看右手，而應以積極的手爲中心，再參看消極的手，比較左右手才較相宜。

爲求更簡單明瞭以何手爲中心，可將兩手自然交握，觀看是哪一手的拇指在下方。拇指在下方的該手，大多是「積極的手」。

4 證實手相占卜的心理測驗

以六〇五人為對象的調查結果

依據前述內容可理解，人的手紋因人而異，其類型也多種多類。以下探討這些類型與其人的人格特徵的關係。手紋是否誠如過去手相占卜所言，具有特殊意義？從前記巴斯基德的報告以及我的資料來判斷，它的占準率之高的確不宜視爲偶然。但有否其他方法能更正確地確認手相占卜的可信度呢？若能與心理學的人格測驗作比較，也許能獲得確證。

基於這種考量，我想到了一併使用羅沙哈測驗。因此，我兼用測驗與手相的診斷，開始進行人格診斷調查。

羅沙哈測驗由約四十年前生於瑞士的精神病理學家H．羅沙哈所創始，被視爲了解個人心理動態的強力線索，特別在美國是極風行的人格診斷法。

在日本，以早稻田大學本明寬、日本女子大學兒玉省、國立精神衛生研究

圖10　羅沙哈圖版的變形圖。原圖一般並不公開。

所片口安史等學者爲中心，有關羅沙哈測驗的研究非常豐富。當然，藉羅沙哈測驗診斷性格時，必須配合相當高度的技術與經驗。

同時，只憑一張圖版是不可能診斷人的性格的，故須使用八張圖版，將當事人回答的內容加以全體性的判斷。

我是使用早大式羅沙哈圖版（八張）與手相的診斷並行調查。以下介紹其方法的一部分。

此處所列是在紙上滴墨水，加以對折後再展開所形成的圖形。能將這幅圖看成什麼？

當然並不要求你一定要將它看

成什麼，故你可以自由想像。至於你所想像的是否見於如下的項目中呢？
①人類　②火　③臉孔　④煙　⑤墨水　⑥緞帶　⑦樹葉　⑧不幸　⑨鳥
⑩魚

或許你的答案不在這十項目中，或許有人會作出種種複雜的聯想。

雖然只看一幅形式圖形，但看法卻因人而異。但性格相似的人，一般都會有相同模式的聯想。羅沙哈測驗的目的，即在據此了解人類的性格。

我曾針對六〇五人男女同時進行羅沙哈測驗和手相觀察，並加以比較對照（註）。結果發現了饒富趣味的事實。以下介紹其中一例。

（註）該項調查以下列方法進行。

第一次預備調查——以七〇人男女為對象，採個人別使用羅沙哈早大版進行人格診斷，調查發現其與手相型存有顯著相關關係。

第二次預備調查——從與第一次預備調查不同的團體中選出七〇人對象，採個人別進行羅沙哈測驗，確認第一次調查結果所發現之與手相型的相關性。

藉由上述預備調查，特別發現手相型的生命線與感情線型，存在著與羅沙哈測驗特性的相關性。

循著這項預備調查，再以下述條件施行手相與羅沙哈測驗的集體調查。

(2)

(3)

1　調查對象　六〇五人男女。年齡十五歲以上

2　調查方法

羅沙哈測驗

使用早大版集體羅沙哈測驗用紙。

手相診斷法

個別地觀察手相型與特徵，並作成記錄。

將剛才所介紹之與墨跡相似的圖形，給予照片(1)、(2)、(3)手相的人觀看，發現他們的聯想各不相同。這是三個女性的手相。猶如其手相各不相同，心理測驗的反應亦各有特徵。

(1)手相的人回答是「樹葉」、「火」、「蝴蝶」。

(1)

(2)手相的人回答是「動物在跳舞」、「不幸」（黑色表示絕望、紅色表示破壞）。

另一方面，(3)與(1)、(2)不同，他們的反應是，「兩人在談話」。

將這三類聯想加以分析，有如下三處不同點：

(1)雖然清楚掌握圖形的形態，但聯想較單純。

(2)不是對形態反應，而是對動物的動作、陰影或色彩反應。

(3)著眼於人類的動態。

如(1)般的反應被認爲是，『對色彩、陰影的濃淡均缺乏豐富的想像力，一般而言是觀念內容較貧乏、萎縮的人』（片口安史『羅沙哈心理診斷法』）。如(2)般對動物的運動、陰影和色彩反應的人，被認爲是衝動、活動的人。

如(3)般能著眼人類動態的人，多半情緒安定又富於判斷力。

很顯然可以解釋說，⑴、⑵、⑶是性格不同的人。

但是，觀看這些人的手相型，⑴是AOI型、⑵是BOI型、⑶則是BLI型。

採取這種方法，我將針對六〇五人對象給予羅沙哈測驗的統計結果，與手相型間的相關關係，進行調查。

由其結果判斷，情形是如下述：

⑴手相型不同，人格特徵也不同。

⑵生命線同型的團體，有類似的特徵。

⑶感情線同型者有類似的特徵。

⑷生命線與感情線組合——例如AI型、BI型——有類似的特徵。

用手相型判斷你的性格

我通過羅沙哈測驗與個別面談的結果，以生命線爲基準，將手相型與人的性格作如下的思考：

《A型的人》

較常識性的人。平凡、不喜冒險。客觀性的判斷力低落，對一切事物有感情用事傾向。人際關係良好，情緒開朗，但意志薄弱。尤其感情線Ⅰ型的人，更有此特徵。Ⅲ型的人較安靜，可是意志比較堅強。Ⅱ型的人熱烈，但情緒起伏大。

《B型的人》

行動派的人。凡事流於過度。對他人強烈關心，好強。做事熱中、努力，興奮時會不顧一切。感情線爲Ⅱ型的人，以容易暴怒或感情暴發居多；但行事規矩，具進取的高度獨創力。

Ⅲ型的人比較冷靜，不流露感情，但支配慾強烈。

《C型的人》

大多較情緒化。不聽信他人的話，有武斷、自我本位傾向。同時，容易受他人暗示。喜歡爭強逞能，虛榮心強烈。感情線爲Ⅱ型者，因感情外露，故常與他人爭論。

Ⅲ型的人略微冷靜，煩惱也少。

《D型的人》

神經質又內向。判斷事物較理性。性格不易爲他人理解。但一般而言多是觀察力、想像力豐富，愛好藝術的人。其中Ⅲ型、Ⅱ型人以智能高居多。

DⅠ型，多爲個性溫和，但自我強烈、與他人不易調和的人。

DⅡ型，容易受一時的感情支配，也常介意他人的言語。

DⅢ型，冷靜，能客觀判斷事物。很少流露感情。

《E型的人》

感情變化大。但做事果斷，也有度量。凡事容易流於過度，所以失敗也較多。

（註）將使用早大版集體羅沙哈測驗結果中的主要特徵歸納起來，可獲得如表11的各項目。本測驗的結果，因能從記號間的量的關係進行診斷，故較單獨的記號更妥切，也更能淺易地表達以記號別所整理的特徵。手相型與反應的關係，如表11所示。該表也平易地顯示了各型間的主要差異。

圖11　手相型與羅沙哈測驗反應的關係

	人類運動反應(M)	動物運動反應(FM)	無生物運動反應(Fm)	立體反應(FK)	形態反應(F)	色彩值
A	0～1	3以下	0	0	9以下	普通
B	1以上	4以上	1	1	9～13	高
C	1以上	5以上	1以上	0	7以下	高
D	0～2	2～4	0	0	9以下	普通
E	0	4以下	0	1	9以下	低
F	0	5以上	1～2	1	11以上	高

※人類運動反應（M）——將圖版視為「人類」的動態反應。此數值若在1以上，則想像力共鳴性高。

※動物運動反應（FM）——將圖版視為「動物」的動態。此數值如為3，是普通；5以上則屬孩子氣的性格，衝動性強烈。

※無生物運動反應（Fm）——將圖版視為人類、動物之外的反應。此數值在1以上時，適應能力低落。

※立體反應（FK）——將圖版視為立體。此數值在1以上的人內省力強。

※形態反應（F）——將圖版視為形態的反應。9以下是普通。極端多時，偶見客觀的判斷力貧弱。

※色彩值一藉由對圖版色彩的反應，使用特殊算定法加以計算。極端高以及低時，感情統制不良。

第二章

手相的具體看法

1 你屬於哪類型的人？

靠著手相知己知彼

眾所周知。透過手相是使對方理解自己的最理想方法。可是從手相很難判斷對方是哪類型的人，故謹此介紹前記羅沙哈測驗的結果，以及我本身藉由長年經驗而判定爲可信度高的手相診斷法。

先循本方法自行判斷你屬何類型的人，再依同法觀看你周遭的人的手，試著占他們究屬何類型的人。或許你會驚異地發現，日常鮮少往來的人僅憑看看他的手相，就能相當程度理解他的性質。

類型1——對他人有否關懷心

感情線屬Ⅲ型的人，可能對他人不很親切和藹。尤其生命線爲B型、F型的人，對他人較缺乏同情心。Ⅱ型的人能對異性採取關懷行動，但對同性則懷有強烈嫉妒心。感情線爲I型的人，一般對他人深表關懷，屬此型又生命線爲A型、D型的人，有時會表現出獻身式的愛情。但是這類型的人因爲過於關懷別人，常常遭他人背叛或爲他人毀了自己的生活。尤其從感情線分出許多支線的人，這種傾向更形強烈。

至於擁有L型智慧線的人，在戀愛方面多見單戀的例子，或成爲遭到背叛的不幸的人。『熱愛者』的作者中村一郎先生的手相屬此型。

類型2——有忍耐力與無忍耐力的人

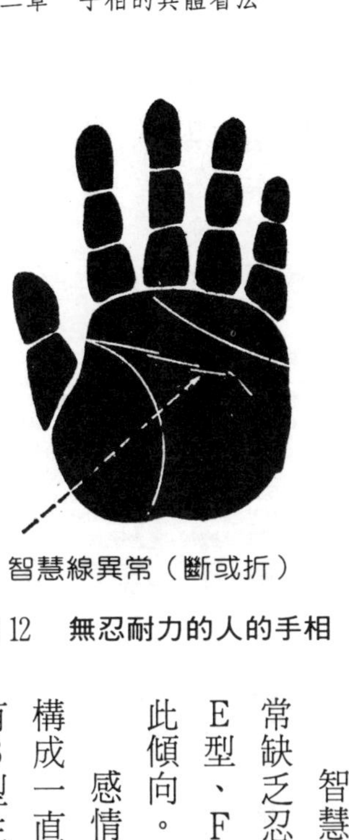

圖12　無忍耐力的人的手相

智慧線如圖12般或斷或折的人，通常缺乏忍耐力。生命線屬A型、D型、E型、F型，感情線屬Ⅱ型的人，尤有此傾向。

感情線爲Ⅲ型、智慧線爲H型，而構成一直線的人，是忍耐力強的人；擁有B型生命線的人，這項特徵格外強烈。

同時，左右手的命運線又直又長的人，是典型的努力家，不致於因一次、兩次的失敗而受挫。

出身農家而稱霸天下的豐臣秀吉的手相，命運線就非常長，其特色是自手腕開始的紋路，一直延伸到中指尖端。由於秀吉手上的命運線長，故命運線又稱「天下線」。此外，秀吉的感情線，或中斷或彎折，顯示他在感情上多波折，性格也較易怒。

類型3——保守的或進步的

生命線型爲B型、智慧線型爲H型、感情線型爲Ⅲ型的人，會在日常生活上有十分進取性的行動，是無法持續保持安靜、經常不做些事即覺得不滿的活動家。但有時會行動過度，或與他人發生摩擦，或引起不必要的煩惱。

政治家、實業家、藝能家多屬這類型，社會黨的佐佐木更三先生就是這種典型。他不重理論而重實踐，與其說是追求理想的人，毋寧說是務實的人。在他擁有肝膽相照的朋友的反面，也可能樹敵很多。自民黨的宇都宮德馬先生（

照片④）就屬此類型。

以『頑童歷險記』而普受喜愛的美國小說家馬克・吐溫（一八三五～一九一〇）的手相，在英國的基洛所著『手的語言』一書中就有一番剖析。參看該書手相項，可知馬克・吐溫的生命線類型為B型，智慧線是又長又直的H型，感情線的類型則屬Ⅲ型，故可說是鋒芒畢露、勇往邁進的典型。

他的生命線末端分岔為三條，顯示出經常不滿現實生活、鍥而不舍追求新事物的性格。

馬克・吐溫生於美國密蘇里州佛羅里達的貧困家庭，自幼年期到十八歲之前，在密西西比州沿岸的開拓地漢尼拔生活。十二歲喪父，旋即充當印刷工廠的職工，但對該項職務相當不滿，於是想前往巴西，先後在紐約、佛城等地流浪。可是他的夢想終究無法付諸實現，轉而返回故鄉密西西比。一度以擔任汽船的領港員維生。然後遷居加州，開始從事與他過去的生活迥然不同性質的新聞記者行業。

自此，他與諸多文學家接觸，過起了文學家的生活。

馬克・吐溫就這樣度過青春期。他的手相直接顯示了他的性格與生活，一

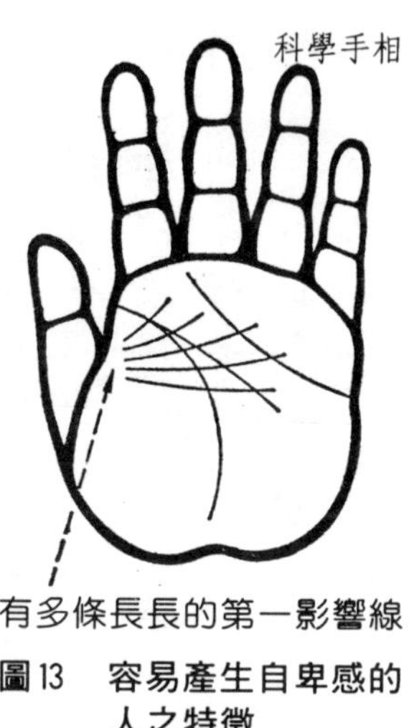

圖13　容易產生自卑感的人之特徵

如前述，他勇於行動，不滿現況，經常追求新事物。

類型4——有自卑感的人

生命線爲A型、D型、E型中的一型，而感情線爲I型的人，多是有自卑感的人，容易認同對方的意見，或被對方壓倒。

如圖13所示第一影響線多的人，尤屬這類型。

擁有這種手相的人如果日常生活常陷於不安，生活無夢又痛苦的話，多半是自卑感作祟。

類型5——容易感情用事的類型（情緒不穩的人、敏感的人）

感情線爲II型的人，一般容易感情用事、情緒起伏多變，所以在人際關係上發生問題，多半不是思想不同，也不是出於金錢關係，而是一時的感情摩擦所致。屬此類型，而生命線爲B型、C型、F型的人，尤其容易暴躁，將感情顯露於外。

但許多這類型的人卻利用其敏銳的感受性，而在藝術方面獲致成功。諸如作家圓地文子女士（照片⑬）、野坂昭如先生、佐藤愛子小姐，以及畫家谷內六郎先生、插畫家橫尾忠則先生等，均屬之。

類型6——責任感、正義感強烈的人

感情線型爲Ⅲ型，生命線爲D型，兩手命運線長的人，謹言愼行，責任感也強烈。此類型的人常受眾人信賴，政治家、實業家以屬此型者居多。

自民黨的前尾繁三郎先生就屬這類型。他所以無法反擊佐藤的長期政權，而將派系讓由太平正芳先生領導，便是肇因於強烈的責任感。

戰後快速發展，而以機車廠商聞名於世的本田技研的社長本田宗一郎先生，也是屬此類型。

他兩手的手相，左右同型，顯示了他的誠意與熱情。由他的手相可了解，他今日的成功絕非幸運——根據我的推定，是他那H型的智慧線、Ⅲ型的感情線所表示的冷靜判斷力，以及對未來的洞察力，帶給了他今日的發展。並且他的判斷力與洞察力，也在事業方面造就了他適切的經營方針；在公司內的人際關係方面，塑造了他擅長管理的董事長形象，給予員工極良好的印象。但我從他的手相推斷，他目前在事業層面正遭逢重大問題。

他的前途可能不似過去平坦。不過，相信他仍能憑藉對未來獨特的洞察力、誠意與熱忱，克服難局。

類型7——社交性的人

智慧線型爲H型，生命線型爲B型，命運線很發達的人，極富社交性。屬這類型的女性，又第二影響線多的人，尤其積極地想與他人達成協調，在集會上常成爲受歡迎的人物，一言一行都備受矚目。

在酒吧或酒廊服務的女服務生，多屬此類型。特別是廣受男性青睞的女服務生，其生命線多半爲B型。我曾經在東京、新宿的一流酒吧，調查三十二人女服務生的手相，其中B型佔了十八人，遠比一般女性屬B型的人爲多。

最有趣的是，B型女服務生有更多的顧客捧場，也比較紅。屬此B型，又感情線爲Ⅱ型的女性，尤其適合擔任富於社交性的公關人物。

類型8——支配慾強的人

生命線型爲B型，感情線爲Ⅲ型或Ⅱ型的人，是支配慾、權勢慾強的人。屬這類型而左右手命運線長的人，多爲政治家、實業家；但大部分皆屬獨裁者或獨斷者，是性質過激的人，其中尤以感情線屬Ⅱ型者爲最。德國的艾德諾、戴高樂、希特勒、墨索里尼、史達林等均屬之。這類型常堅持自己的主張，嚴厲役使他人亦不以爲恥，非常地利己。

爲了致力於戰後日本的重建，而以獨裁政治家的姿態活躍的吉田茂元首相，以及戴高樂、艾德諾，都有相同的手相。

我也曾見過德川家康的手型。在東京虎門的美國大使館附近的大倉集古館，依舊保存著家康皈依佛門時奉納的文書『南無阿彌陀佛、南無阿彌陀佛』，其後印有家康的手型。

觀察該手型，感情線爲Ⅲ型，生命線不太明瞭，好似B型；加上有長長的命運線，智慧線復爲H型，故可判斷他是堅持自我主張，役使他人以利己，支配慾強的類型。

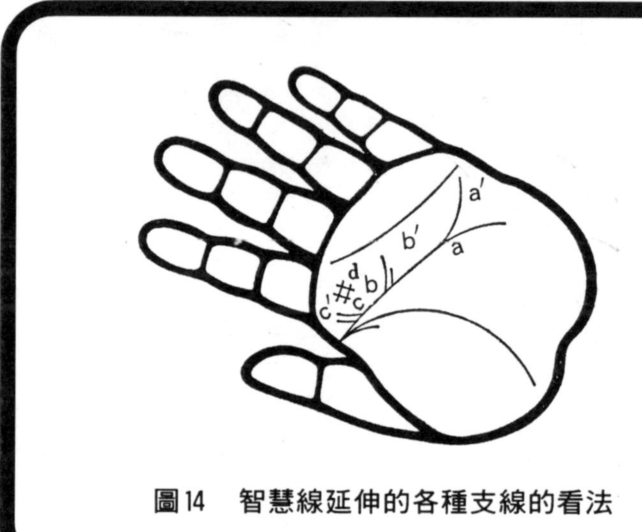

圖14　智慧線延伸的各種支線的看法

類型9——強烈關心金錢的人

生命線型爲B型、C型、D型，智慧線H型，感情線Ⅲ型，又有第二命運線的人，對金錢懷有強烈的關心。這類型的人不求精神上的滿足感，但追求物質上的滿足感。實業家、商人中屬此型的人多。

尤其白手起家，擁有巨富的人，多屬這類型。此外，這類型的人如圖14的a—a′所示，智慧線的支線朝小指方向延伸的例子很多。

類型10——強烈關心文學、藝術的人

生命線爲A型、D型、F型，感情線Ⅱ型，智慧線L型的人，會對文學、音樂、繪畫賦與強烈關心。這與當事人有否哪些藝術才華並無關係。這類型的人對熱情有燃燒情熱的傾向。

類型11——強烈關心運動的人

感情線爲Ⅱ型，智慧線如圖15所示、或折彎或重疊的人，不但強烈關心運動，並且會熱衷一、二種運動。

屬此類型而生命線爲B型，多半愛好極耗費體力的激烈運動。女子職業保齡球的第一人中山律子小姐（照片㉕）與並木惠美子小姐均屬之。至於讀賣巨人隊長嶋選手的手爲DHⅡ型，智慧線有二條。

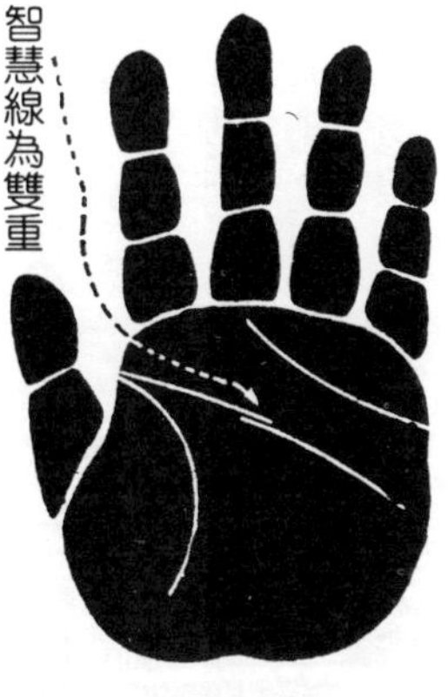

智慧線為雙重

圖15　運動員的手相

類型12——強烈關心宗教與占卜的人

生命線爲A型、D型，感情線爲Ⅲ型，智慧線屬L型，如圖14b—b'所示，自智慧線的一部分朝中指方向延伸線紋的人，往往對神秘事物懷著強烈關心。

占卜師或女巫的手相屬此類型居多。以女占卜師而聞名的藤田小女姫小姐即典型例子。她的智慧線極端地朝手腕方向長長地垂下，屬L型，顯然她的想像力和直觀力都很敏銳。至於她的智慧線的特徵是，有二條長長的智慧線。

這顯示她不僅直觀力敏銳，而且記憶力豐富。她就是靠著豐富的記憶力所蓄積的知識，結合異常的直觀力，而在無意識中發揮靈感，施行不可思議的占術。

本書中經常引用的二十世紀初英國手相占卜師基洛的手相，就與小女姫小姐的型十分相似。

類型13——強烈關心教育與社會服務的人

生命線爲A型、D型，感情線爲I型，且其末端支線多的人，自智慧線如圖14c—c′般朝食指伸出很多線紋的人，往往關心教育與社會服務。

同時，此類型的人食指根部有如圖14d所示的四角形線紋的人，多爲教師或從事與教育相關的工作。我由照片觀看到「非洲聖者」史懷哲博士的手相，就屬這類型。

類型14——強烈關心科學的人

生命線型屬B型，智慧線型為H型，又自智慧線途中伸出一直線的人，會強烈關心科學。英國的研究家N·賈奎恩所描述的原子物理學家愛因斯坦的手相，就是典型的這類型。

2 從手相上看頭腦的聰明

智慧線的長度無意義

古人說：「智慧線愈長，頭腦愈好。」究竟智慧線的長度與我們的智能有否關係？愛因斯坦的智慧線確實比普通人的智慧線長。根據前述C·沃爾夫的調查，聽說比起普通人，精神異常者手上的智慧線或斷或折的情形較多。

實際上真有此事嗎？

就我有限的調查而言，智慧線的長度並不如占卜師所說的，與當事人的智能有如此密切的關係。

因此，我在調查智慧線長度與智能的關係，也調查手相型與智能有否關連性，其方法是運用羅沙哈測驗的智能評價法。羅沙哈測驗與智能的關連，在美國是由B．克羅波啓始多量的研究。至於在日本，早稻田大學心理學教室的本明、伏見、內山等人，則是將田中．比奈智能檢查的結果與羅沙哈測驗的結果，進行相關關係的研究。我參考這些羅沙哈測驗的研究成果，將五〇〇名的測驗結果及其智能，分爲以下五個等級。

①高智能群

②稍高智能群

③普通智能（上）群

④普通智能（中）群

⑤普通智能（下）群

接著，調查各群出現於各該手相型的比率，結果發現那些群與手相型有如下的相關性：

①稍高智能群

AⅡ型、DⅡ型，亦即生命線爲A型、D型，感情線Ⅱ型，通常智能高的人較多。就我的調查範圍內而言，屬此類型同時智慧線爲O型，而且不中斷或彎折的人，智能相當高。

②稍高智能群

生命線B型的人均屬之。尤以智慧線長，又沒有中斷或折彎的H型，感情線爲Ⅱ型的場合，智能指數比普通人高。

③普通智能（上）群

生命線爲A型或D型，感情線爲Ⅲ型的場合，或F型，亦屬之。

④普通智能（中）群

生命線爲A型或D型，感情線爲I型的場合，多半屬之。

⑤普通智能（下）群

生命線爲A型、D型、E型之一，感情線I型，智慧線短促，而且或斷或折的場合。

H型的智慧線不擅長數字？

那麼有否方法足以判斷所有智能中，特別在哪方面更能被發揮出來？例如光憑看手相，能否判斷哪種人較擅長算術？或哪些人格外對化學或物理等邏輯性的思考具有天分？或哪些人特別具備諸如詩或音樂等所需的直覺性判斷或幻想能力？

手相占卜一般認爲，智慧線爲L型，而且極端朝手腕方向彎垂的人，是幻想力敏銳的人。或屬H型，而智慧線呈一直線的人，數學能力強，多長於計算。類此事實，根據我的經驗，很容易判斷。

如你身邊有朋友，不妨作如下的測驗。

請將下列數字，由上而下按順序加算並讀出來。先將下方的數字用紙蓋住，依序將紙往下移，一〇〇〇、……一〇三〇、……二〇三〇、……最後讀出的數字是什麼？

1000
30
1000
40
1000
20
1000
10

你所讀出的是多少？可能是五〇〇〇。現在再一次不用紙蓋住計算看看，正確的答案是四一〇〇。冷靜加以計算，這是連小學生都能簡單做到的算術。可是平常很神氣的人通常會回答五〇〇〇。不妨試試你的丈夫、戀人或你討厭

智慧線型	生命線型	幻想力獨創力	數學能力	邏輯能力
O	A	±	±	±
	B	－	＋	＋
	C	－	±	±
	D	＋	－	±
	E	＋	－	－
	F	±	－	－
H	A	－	±	＋
	B	－	＋	＋
	C	－	＋	＋
	D	－	＋	±
	E	－	±	±
	F	－	±	±
L	A	＋	－	－
	B	＋	±	±
	C	±	±	－
	D	＋	－	－
	E	＋	－	－
	F	＋	－	－

＊＋…高　±…普通　－…低

圖16　智能程序與手相型的關係

的人。多半人的答案都是五〇〇。但仍有人能正確回答四一〇〇。尤其一些平常心算不很靈光或常做計算的人，往往能正確作答。那些人的智慧線看是H型，而且非常長，又呈一直線。

以上介紹的測驗，學生們常做，所以有經驗的人不少。但何以能正確回答四一〇〇的人，其智慧線多屬H型呢？是否真如手相占卜所言，智慧線爲H型的人「長於數學」呢？

現在回到我一度進行的調查結果。我針對五〇〇名對象，調查生命線與智慧線型和才能的關係，結果如表16所示。

你有否數學能力？

前述本明、伏見、內山等人的研究認爲，可憑羅沙哈測驗判斷數學能力。該項研究認爲，由圖形掌握「形」的答案（形態反應）的量如果適切，普通數學能力較高。基於此一思維，我調查了各群與手相型間的關連，結果證實了過去的手相占卜的主張。

數學能力高的人智慧線爲H型，並且多呈現爲一直線。同時，生命線B型的人最傑出，次爲AⅡ型、DⅡ型的人。至於F型的人，多數擁有天才般的才能。我曾親訪韓國的天才少年金雄鎔（照片①），親眼看過他的手相，發現他也屬F型。圍棋九段的坂田榮男先生，也屬F型。

你有否邏輯性頭腦？

有人喜好議論，凡事都要尋求理論依據。根據前述本明、伏見、內山等人的研究，將圖版視爲「人類的動態」的人，這種傾向尤多。那麼，手相型是否表現了這項特徵呢？

按照我的調查，有如下手相型的人會有如下的傾向。

邏輯能力	高	低
生命線	A型、D型、B型	C型、E型、F型
智慧線	O型、H型	L型
感情線	Ⅱ型	Ⅰ型、Ⅲ型

我曾在自宅開辦英語、法語補習班，學生中有一名的手相型是AOⅡ型。他酷好講道理，朋友們稱他理論派。他總是反對他人的意見，卻又能說服人接

受他的主張。他最擅長的學科是化學和生物，尤其對化學實驗興味濃厚。

你是幻想家嗎？

幻想家能想出普通人不致想像出的事物，或經常做白日夢。手相占卜上認爲，智慧線L型的人有此特徵，這是否事實呢？

剛才在察看羅沙哈測驗與數學能力的關係時，已發現L型一般數理觀念較低，但依靠羅沙哈測驗則未必能充分認識L型的特徵。這類型人的回答都具有獨創性，傾向於將平面性的羅沙哈圖版，作較立體性的思考（羅沙哈測驗記號FK）。DLI型和ALI型這種特徵尤其強烈。

我的學生K是典型的L型，其手相型爲AL型。他現在是大學一年級的學生，擅長文科，數學成績不理想，卻是喜愛獨處的幻想家，自小學時代就因內向而被認爲女性化，對讀書很感興趣。

具備多方才能的人

不管做任何事都很出色，與任何人交往都深具影響力，適應能力也強，多半場合智慧線呈二條，或智慧線在途中分岔成兩條。

生命線為D型，智慧線分岔為兩條的手相，以文學家、學者、實業家居多，小說家水上勉先生的手相就屬此類型。一般而言，這類型的人生活環境不固定，凡事過度關心，但想法現實，才能豐富，生活力強韌。水上勉先生的手相，智慧線為HO型，加上成一直線，所以與其稱他為文學家，毋寧視之為企業家般感性敏銳的人；也可推定他對自己的工作會較他人更考量效果才採取行動，因此他作為一位文學家，將可期待高度的名聲。

此外，生命線B型，智慧線分為兩條的手相，多見於演藝人員、政治家、實業家的手。這種類型行動大膽，言行常成為話題中心，朋友多，但樹敵也多。一般來說，多才多藝，交辦任何事都能完成。

森繁久彌先生和三木典平先生（照片⑯）屬這類型。這兩人既有長足能力充當演員，也不乏做為實業家的能力，即使擔任大公司的董監，也有名副其實的高幹資格。

3 運用手相的戀人鑑定法

街頭手相家占得準嗎？

很多人都是爲了想了解自己的結婚運，而求助於手相。我在進行手相的集體調查時，曾以「你想藉手相知道什麼事？」作爲問卷題目，所調查出的結果是七〇％以上的女性想知道與婚姻相關的事，如「何時結婚？」、「對象是怎樣的人？」等等。

此前，『女性本身』週刊雜誌曾爲文介紹新宿某百貨公司附近的手相占卜師，孰料女性顧客連日大排長龍。這些占卜師究竟如何占斷女性呢？

我曾在廟會的日子裡和住東京神樂坂的一位相熟女性散步，當時她有意求助街頭手相占卜，我一時興起，就和她同行。占卜師是六十歲的老人，手持手電筒，仔仔細細地瞧這女性的手相。

「妳這是少有的手相。」

那位老占卜師一開口就這麼說，接著附加說她會在二十二歲時結婚，對象是目前交往的身邊人，他是上班族。她還說：她與該男性的交往正處於關鍵時刻，即使愛上對方，也不宜對他任性；同時當前若有困擾的問題，必須慎選傾談的對象。占卜到此結束。

後來經我詢問，才知道包括她過去患的大病及家族的情形，都占得很準。並且她現在確實有論及婚嫁的男友，據她說他似乎很愛她。

諸位讀者，你對類此占術有何意見？

冷靜觀察占卜師與女性的對話情形，可發現這位占卜師不但手相占卜的技術高明，似乎也擁有足以洞察女性心緒的讀心術。他在進行手相占卜以前，顯然是仔細觀察了這女性的服裝、臉龐、說話的口吻等，並從而憑經驗判斷她的職業、家世等。占卜師多爲老人，就是因爲他們人生歷練豐富，早已培養了識人的直覺力。

他爲什麼將這女性的結婚年齡占定爲二十二歲呢？凡稍有常識的人，都不難理解其理由。因爲日本女性結婚的平均年齡爲二十二、三歲，縱使不具備看手相的知識，也能藉由其臉孔、穿著，大概推斷她可能早婚或晚婚——亦即能夠推定她是否即將掌握結婚機會的人。受男性垂青的女性，一般戀愛機會較多，服裝出眾，談吐、動作優雅，家庭環境可猜測也較良好，所以接近婚齡時周遭的人都會認真爲她考量結婚問題。

那麼，「現在的交往正處於關鍵時刻，即使愛上對方，也不宜對他任性」，這句占語又如何呢？其實這不過是種人生論及婚姻、戀愛上的一般論罷了。它適用任何人，並且聽取這句忠告，風險也最少。

諸如此般，手相占卜師雖然是看手相，實則是對顧客的一切特徵加以注目。同時，所謂占卜未來，也不出一般性的人生論。因此，請占卜師占卜，無異於聆聽占卜師在長久的人生所體驗到的個人的人生經驗。也因此歷經各種波折、風浪的人施行占術，往往容易掌握當事人的心理。

不過，手相占卜師並非完全不看當事人的手，或許他會依據東方的占法，或採用大正以後引進日本的歐美式占術，占卜師往往通過習得的手相占法的實際應用，而體悟到占準的要訣，再加上憑個人的人生經驗解讀當事人的心，再進行占斷。

可是能否純粹靠手相預知命運呢？關於此點，尚待解決的問題仍多。以下僅提出我親自整理之手相占卜較能占準的項目中，適用於戀愛與結婚的內容。

戀人的手1——選擇哪樣的對象好呢？

看手相如前所述能某程度理解當事人的性格，但若更詳細調查手相的特徵，當更可充分了解當事人的體況、容貌及對異性的態度。例如，不妨瞧瞧照片(4)、(5)、(6)三張的手相，這些都是適婚期的女性的手相。

但比較這三張照片，能否判定何者是姣美的女性——即手與腳，胴體與頭的比率勻稱的人。又觀看這些照片，能否想像何者最易被異性吸引？何者對異性關係很慎重或較隨便？當然只看手相的照片殊難判斷一切，但仍能一定程度判知當事人的特徵。

比較這三張照片，可發現雖是同年齡的人，卻有如下的相異處：

①手的大小、掌部分與手指長度的比例不同。
②拇指根部（拇指球）的條紋數不同。
③自掌中心部至手腕部分（小指球）的斜線數不同。
④小指根部紋線（婚姻線）的特徵不同。

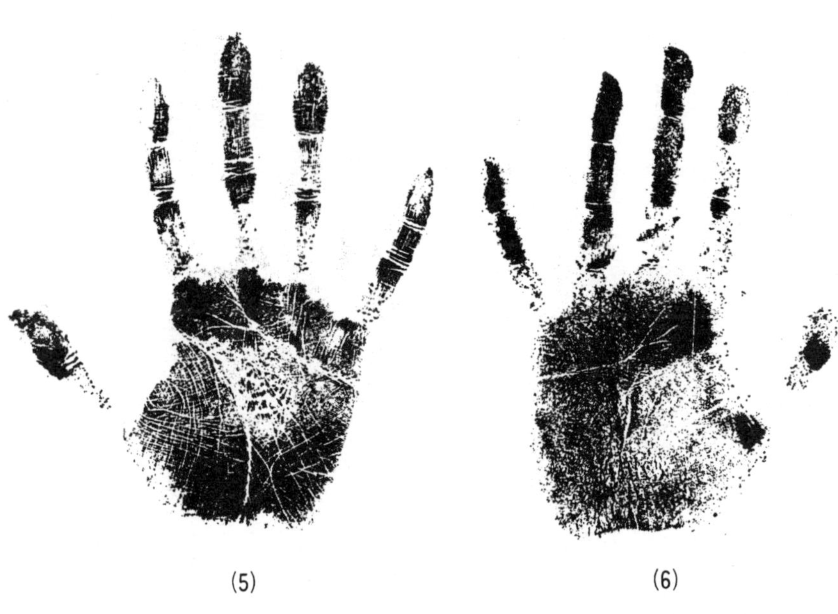

(5)　　(6)

不過，手的大小和手指的長度，與當事人的身長、體質關係密切。一般而言，手肉厚實的人是胖型，指頭充分發達的人是瘦型；此外，手整體上大的人，可視為身長的人。

再者，拇指根部條紋（圖4的⑨）多的人，諸事謹慎，對異性的態度較內斂，具有性的自卑情結。至於第二影響線（圖4的⑩）數多的人，無論是男是女，都比較有魅力又早熟。這種線紋多的女性，自十六、七歲至二十二歲期間最是吸引人，或許她本身對此不自覺，可是自然有男性圍繞在身邊。

小指根部的線紋（圖4的⑧）自

(4)

古稱爲婚姻線，被認爲是與婚姻線息息相關條紋，但實際上它亦見於黑猩猩及普通猴子的手。故只憑手紋認定早婚或晚婚是錯誤的。本手紋也被認爲與當事人的性欲求強度有關。除了小指根部，連中指、無名指根部也多紋（圖4的⑦）的人，則對異性特別關心。

根據以上的見解，憑手相就能選擇情人。你認爲(4)(5)(6)哪位女性迷人？我考量結婚與手相的關係是如以下所述：

【照片(4)手相的人】　手整體看來較小，故可判定爲小個子。將手掌部分與手指長度作比較，手掌部分較發達，可見體型不勻稱，難以給予男性「嬌美女性」的感覺。這種手相的特徵，在於小指根部的婚姻線。它呈下降，也比較長，表示這女性對異性有強烈關心。雖然如此，她卻缺乏女性魅力；尤其見不到第二影響線，顯然不是能吸引男性的類型。根據拇指根部的多條線紋，可判斷她是深謀遠慮，對異性態度內斂的。

【照片(5)手相的人】　手全體上平衡，手指長。同時小指球的斜線也多，故可判斷是瘦型，充滿吸引力的女性。婚姻線有數條，常會積極採取接受男性愛情的態度。中指、無名指根部多紋，對異性有高度關心，喜愛華麗，對戀愛主動，能燃燒情熱。

但這種類型的人熱情得快，冷淡得也快，一旦戀人辜負他或對對方感到厭膩，即刻會移情別戀。這類型的人容易在異性問題上發生糾紛，或因戀愛導致人生走入歧途。屬此類型又晚婚的人，多數過著時運不濟的生涯。

【照片(6)手相的人】　手全體看起來大，肉厚。掌紋除了三條主要線以外，稀少又單純。綜合上述可想像係一高而肥胖型的人。對異性關心度低，縱使有魅力的男性出現，可能也興趣缺缺。這類型的人凡事拘謹、消極。

戀人的手2——男女的契合測驗

接著介紹判別你的男友或女友是否爲理想的未來對象之簡單方法。當然這結果並非絕對正確，但是可作爲判別上的參考。

下列各項目，可解釋爲最容易接納你的誠意與愛情的人；但並不意味其可選擇作爲獲致幸福的宿命性對象。

項目	得分
生命線型	
A	1
B	5
C	5
D	1
E	1
F	25
感情線型	
Ⅰ	10
Ⅱ	30
Ⅲ	20
婚姻線的特徵	
少（3 條以下）	0
多（4 條以上）	5
長（延伸到小指與無名指之間）	10
小指球的線紋（第二影響線）	
無	0
少（5 條以下）	5
多（5 條以上）	10
合計得分	?

＊請使用你的積極的手調查。

＊F 型手相的人感情線不計算。

表17　依據手相作契合測驗

至於其結果，是根據表17計算得分。例如，BI型而婚姻線長，又無第二影響線的人，其得分是：

5＋10＋10＋0＝25

共二十五分。

然後如何按得分決定理想的對象呢？當然這得分別男性、女性而探討。

——如果你是男性

（理想對象）

①與自己的得分相同或接近的人。

②比自己的得分低的人（得分相差二十分以內）。

（不理想對象）

①比自己的得分高極多的人（得分相差三十分以上）。

——如果你是女性

（理想對象）

①與自己的得分相同或接近的人。

②比自己的得分高的人（得分相差二十分以內）。

（不理想對象）

①比自己的得分低極多的人（得分相差三十分以上）。

接著，茲利用契合測驗探討更深刻的種種問題。此外，一併介紹應用契合測驗，選擇結婚對象時較爲有利的二、三個條件。

戀人的手3——沒有異性朋友的人

先進行契合測驗。如果得分相當低（例如在二十分以下），你得徹底改變對異性的態度和想法，否則將無法有獲得異性朋友的機會。想追求結婚對象時，不妨通過文學、美術、音樂等嗜好，增加與異性往來的機會。智慧線L型的人，通常能輕而易舉獲得所追求的異性。但若契合測驗的得分只是普通（二十分以上），卻無法追上異性朋友時，可能日常生活上過度拘謹內向；只要有心積極利用日常機會，就能成爲容易給予異性好感的類型，所以，自卑感和虛榮心是禁忌。

再看看八十二頁的照片(5)。這是現年三十五歲未婚女性的手相。爲什麼她至今未婚呢？先來探討這手相的契合測驗。生命線A型、感情線I型、婚姻線

(7)
這手相是靠著相親結婚，掌握幸福的類型。請注意橫越拇指下方的長長的第一影響線。

長、第二影響線非常多，合計得分為（1+10+10+10=31）三十一分。她至今仍獨身，實在令人不可思議。一年前我勸她積極和男性交往，結果她最近表示，男友很多，人生突然充滿光明燦爛，再也不會悲情哀訴了。

戀人的手4——靠相親獲得幸福的人（契合測驗得分在11～15）

就手相型而言，生命線D型或E型，智慧線L型，感情線I型或Ⅲ型的人，多屬靠相親獲得幸福的類型，尤其契合測驗的得分極低時（十六分以下），拙於和異性交際，常遭對方誤解。這類型自己選擇戀愛對象時，要不是單戀，就是選上無聊的對象；因此拜託教師、前輩或朋友等介紹較有成效。

照片(7)手相的女性，現年三十歲，仍然沒有結婚對象。她有相當強烈的結婚意願，可是她選中的男性總是愈與她交往，愈對她難以產生好感。試問你如何診斷這手相？先來探考她的手相型。手相為DOI型；契合測驗得分十一，相當低。格外長的第一影響線有數條橫越過命運線，手顯得小，顯然她有強烈的自卑感。她是靠相親才能掌握幸福的典型。如果她能及早認識自己的類型，必然已過著幸福的婚姻生活。

戀人的手5——深受氣魄、瀟灑男性鍾愛的女性（契合測驗得分三十六以上）

小指球紋線多，感情線Ⅱ型，手指頎長並與掌部形成勻稱的人，都擁有這項資格。但婚姻線若相當長，或有島型出現時，很容易發生外遇問題。這類型的人因太受男性青睞，常會迷失自我，所以只要未具備辨別男性的見識與教養，婚姻多數不幸，尤以F型手相的人較屬之。

二一〇頁照片⑾是現年十九歲的女性手相。生命線B型（乍見宛如F型，但感情線到中指下方即結束），感情線Ⅱ型，第二影響線多，婚姻線呈島型；她身高一六五公分，體重五十四公斤，是姣美、吸引男性的典型。男友多，喜愛榮華富貴的生活。

戀人的手6——容易被欺騙、被誘惑的人（契合測驗得分二十二～四十四）

手相型爲B型或F型，小指球、拇指球紋線較少，只有婚姻線多或呈島型，或延長時，若爲女性，則輕易會被男性誘惑。尤以智慧線爲H型或中途折斷的場合，常遭對方欺騙玩弄，而成爲男人拈花惹草下的犧牲者。

戀人的手7——年齡差距多少才理想呢？

根據東京家庭裁判所處理離婚申請者的夫婦年齡差統計數字顯示，年齡差在二歲～五歲的夫婦，申請離婚的案例最多。

離婚少的夫婦，年齡差爲十歲以上，或同年齡，或妻比夫年長。

根據美國研究者H．藍迪斯的報告，結婚生活維持圓滿的夫婦年齡差，以同年齡或八歲～十歲爲理想。

這是從手相層面進行的探討，可見營運幸福的婚姻生活，有如下兩種模式：

①與同年齡或年齡相近的人結婚以獲致幸福的模式。

②與年齡差八歲以上的人結婚以獲致幸福的模式。

這兩模式從手相型和契合測驗來探究，可得到下述的結果：

○選擇同年齡或年齡相近的人（差距二、三歲）比較理想的人。

女性——契合測驗得分少的人（合計三十一分以下）
　　生命線型——A型、D型、E型

男性——契合測驗得分多的人（合計三十一分以上）
　　生命線型——B型、C型、F型

○與年齡差八歲～十歲的對象結婚可獲幸福的模式。

女性——契合測驗得分多的人（合計三十一分以上）
　　生命線型——A型、B型、D型、F型

男性——契合測驗得分少的人（合計三十一分以下）
　　生命線型——A型、D型、E型、F型

由本表可知，生命線A型、D型，而契合測驗得分二十六分～三十二分的女性，以及生命線F型，而得分二十六分～三十二分的男性，能與任何一種年齡差的人契合，是能掌握結婚的幸福契機的人。

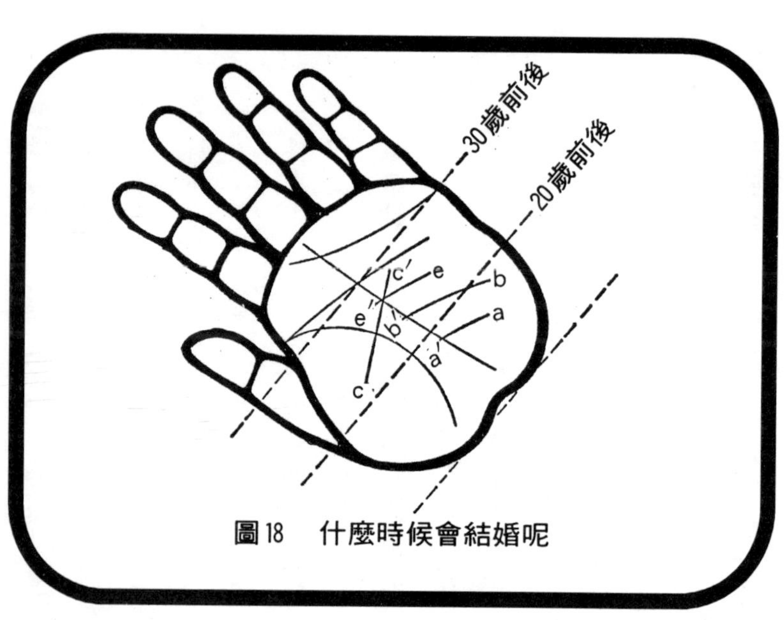

圖18　什麼時候會結婚呢

戀人的手8——什麼時候會結婚呢？

「你會早婚。」街頭手相占卜師或稍微了解手相常識的朋友們，曾否藉著看手相如此占斷？這種占術究竟是以觀察手的哪部分進行判斷呢？在年輕女性間十分一般化的方法是，觀看小指根部丘狀處的線紋——亦即用婚姻線占卜結婚。

此處線紋如爲一條，能以初戀而結婚；如爲二條，則得第二次的戀愛才能成婚。此外，普遍也認爲，婚姻線接近感情線的人早婚，遠離感情線的人晚婚。不過，這種占法不太可靠，所以寧可說並沒有正確判斷結婚年齡的方法。

但當我們在肉體上或精神上適合結婚時，手上就會產生某種變化。縱使缺乏看手相經驗的人，也能簡單判別。

先看看你的「消極的手」。注意命運線，婚期近的人如圖18的a－a′、b－b′的線紋會與命運線交叉，這是與結婚有關係的紋路。一般而言，如a－a′的線紋較短，但也有人是較長，如b－b′般。若爲後者，則其結婚方式多爲戀愛結婚。

雖然不甚可靠，但以下仍介紹歐美行之久矣，判斷結婚時期及年齡的方法。請參看圖18，先找出命運線與智慧線的交叉處，那是關係你三十歲左右的生活的領域。接著請設定該交叉點與手腕連線的中點，該部分是關係你二十歲前後的生活的領域。若表示結婚的條紋位於a－a′部分，可判斷結婚年齡在十八、九歲；若位於b－b′部分，則視爲將在二十二、三歲結婚。

據此考量結婚年齡，能一定程度占準。請觀察已婚人的手，試用上述方法猜猜其結婚年齡。你會發現極不可思議地猜中了。但有人表示結婚的線紋較多，以致難以判斷。此際不妨採以下方法。有時表示結婚的線紋e－e′與命運線交叉處，又會有由生命線方向延伸出的線紋、c—c′（第一影響線）與之交叉。此等領域多與結婚有關。

戀人的手9——戀愛中的兩人能加深感情嗎？

時下戀愛中的人能使相互間的愛情加深至何程度？看手相對此有助益嗎？針對這點，首應探究的應該是究竟什麼妨礙了戀愛發展爲婚姻。表19是依據向東京家庭法院提出不履行婚姻預約申請的案例，以無法承諾結婚的理由，按原因別所作的統計。從本表可知，婚約解除的原因多半是性格不和、欺罔（法律用語——以詐欺行爲作爲騙取手段，使對方陷於錯誤）、遺棄、或不貞等男性方面的花心、缺乏誠意，以及以金錢爲目的的詐欺行爲。

這當然是解除姘居、同居關係的案例資料，而非一般由戀愛↓結婚的情況。但將婚約解除的原因，從雙方性格不和、對方缺乏誠意的層面去理解，卻是沒錯的。

那麼，可否憑著看手相而判斷戀愛的結果？

你真心誠意所愛的對象，說不定另有戀人。同時，不管從契合測驗的得分

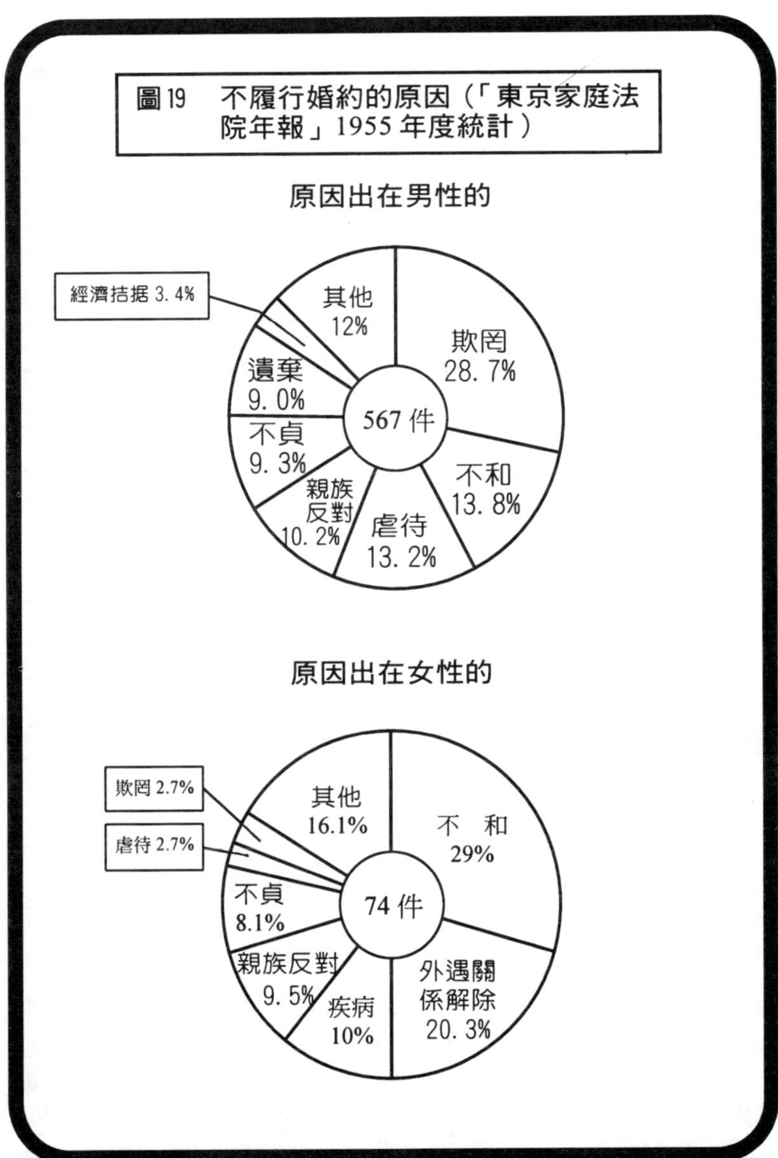
圖19　不履行婚約的原因（「東京家庭法院年報」1955年度統計）
原因出在男性的
經濟拮据 3.4%
其他 12%
欺罔 28.7%
遺棄 9.0%
567件
不貞 9.3%
不和 13.8%
親族反對 10.2%
虐待 13.2%
原因出在女性的
欺罔 2.7%
虐待 2.7%
其他 16.1%
不　和 29%
不貞 8.1%
74件
親族反對 9.5%
疾病 10%
外遇關係解除 20.3%

來看何等理想，只要對方心存欺騙，或只是一時興起向你示愛，都可能使你無法獲得幸福的婚姻生活。

這種不安人皆有之。但想洞察對方的真心，並非易事。此時看看手相，或可某程度判知對方是否花心或居心不純。

不過，僅憑看手相仍不足恃，因爲對方會拈花惹草或存心欺騙，你也得負一半責任。所以理解自己的持態中有否可令對方乘隙利用的弱點，是由戀愛進展爲真正愛情的重大關鍵。不妨從這觀點來看看你自己的手。

你的對象誠實嗎？對工作投入嗎？關心你嗎／或者他不過是不值信賴的騙子？——命運線和第二命運線有助了解這些。

古來認爲命運線長的人會功成名就，其實未必盡然，但這條紋確實與我們的日常生活態度、工作、社會適應力息息相關。

命運線隨年齡而容易發生變化，初生的幼兒並沒有這線紋。

根據調查精神病患者手相的C．沃爾夫所言，一般人中只約〇．五％沒有命運線，但異常者的手卻有四十％沒有命運線。我曾以五十名十五歲以前的人和五十名十五歲以上的成人爲對象，調查其有否命運線（包括左右手），結果獲得其比例如下：

	十五歲以下	十五歲以上
無命運線的人	十六人	七人
命運線長的人	三四人	四三人

可見命運線長的人以成人居多。此外，成人若無命運線或該線相當短，多有某部分人格上的缺陷。若左手或右手某一方缺乏命運線，則其肉體和精神都處於不安定狀態。簡言之，缺乏成人氣概。所以沒有命運線或命運線短的人，社會意識低落，在戀愛方面常有不負責任的行爲。

瞧瞧你的戀人的手，如果他的左右手都缺乏明瞭的命運線，最好不要信任他的言行。同時，一手有明瞭的命運線，另一手則無時，表示他情緒不安定，不宜太信賴他。但這種手相並非一無是處，只要肯努力，誠意過生活，命運線會變得更明瞭。所以可謂命運線是判斷戀人誠實度的量尺。

戀人的手10——不能當他是戀人的男性

照片(8)，是現年二十二歲、結交數名女友的男性的手相。他情緒不穩定，

(8)
這是喜歡拈花惹草的男性的手。換言之，他是甚受女性青睞的類型。

約會的對象也不一定。你如何判斷他的手相呢？

先來考察這手相的特徵。缺乏命運線，婚姻線非常長；表示對異性雖然強烈興趣，但情緒不穩定，當前的職業也不安定，因此他的言行不值信賴。感情線爲Ⅲ型，顯然對異性不夠柔情。尤其要注意智慧線的特徵。類此般中斷或彎曲的智慧線，以屬變態者居多，思想幼稚，沒有一貫性，做任何事都容易厭煩，無法長久持續。

戀人的手11——值得信賴的戀人類型

命運線好似用尺劃過般成一直線，第二命運線與命運線交叉的人值得你信賴。這類型的人表面冷淡，好像難以相處，但愛情與實踐力兼具；尤其若加上生命線爲B型、感情線Ⅲ型，是屬極其可靠的男性。當然，契合測驗分數不理想的人，婚姻生活或許難獲幸福。

戀人的手12——缺乏生活力的類型

不管多麼契合，對方如無生活力，結婚也會以不幸收場。在相親的場合裡，媒人一般都會調查對方的經濟狀態、收入等；但如果是相戀的場合，貿然詢問其月薪，實在不夠浪漫。那麼，可否透過手相獲得一些這方面的線索呢？

如想獲知對方當前的生活狀態、收入狀態等，不妨瞧瞧命運線和第二命運線，同時一併查看第一影響線。如果對方年齡在三十歲以前，則如前述「結婚年齡」所介紹，瞧瞧命運線與智慧線交叉處下方的命運線；至於三十歲以後的人，則得察看交叉處上方的部分。

若對方生活狀態良好，得意如意的話，那兒會呈一直線；如處於失業狀態，或前途蹇滯，命運線會消失。

接著，目前正遭遇重大打擊。失意落魄，或工作與期望相違，或家庭變故，當事人在精神、金錢上壓力多時，命運線會如圖20的a一般中斷，或如b一般出現星形線紋。

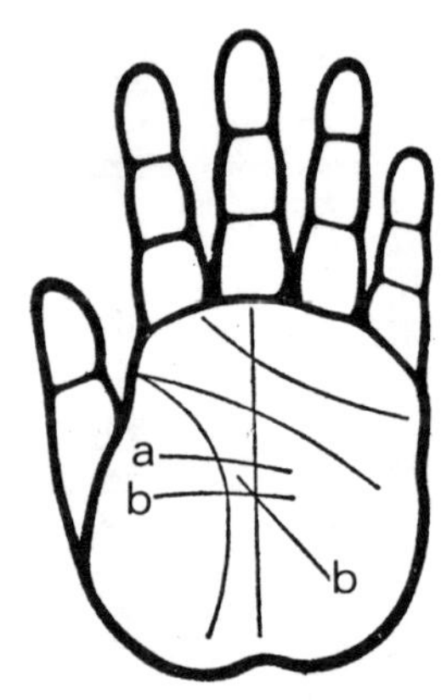

圖 21
表示結婚有障礙的線紋

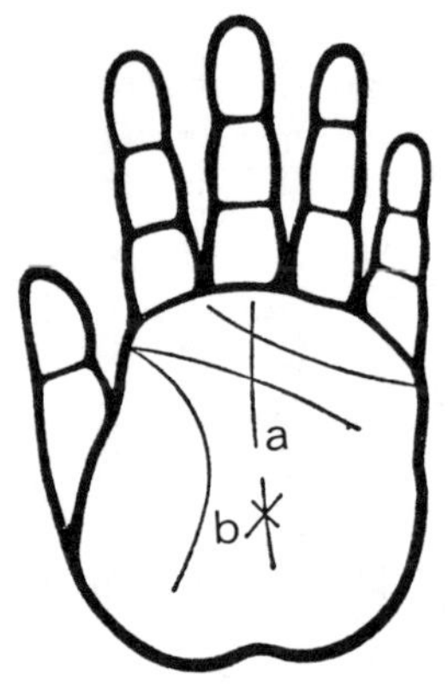

圖 20
表示激烈衝擊的線紋

戀人的手13——結婚有障礙的人

因家族反對、家庭失和、經濟拮据，造成結婚障礙時，可否會從手相上看出兆候？要確實判斷，當然不可能。但考量種種要因，不妨如下述般憑手相來判斷。

請看積極的手，注意以下事項：

首先，長長的第一影響線如圖21的a，在表示對方或你的年齡的部分與命運交叉，則你的戀愛會遭家族反對，或家族內存在諸多阻礙你戀愛的問題。此時，家族內的問題不獲解決，戀愛即難有結果。但

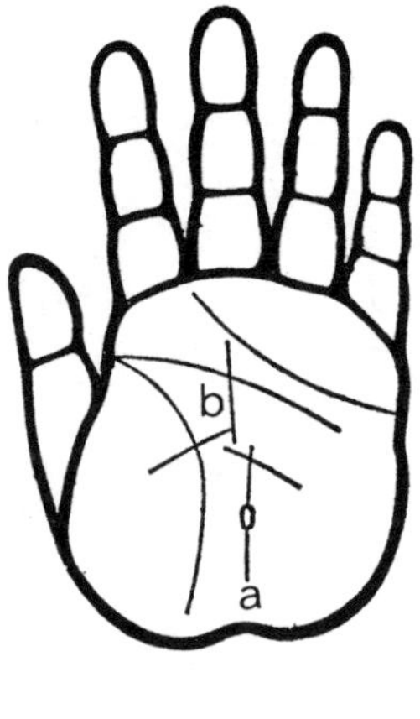

圖22
不幸的手相

有如b般自小指球方向延伸來的第二影響線與命運線交叉時，你不妨考慮將家族的反對、家庭內的不合等置之不理，逕行結婚。可是如圖22的a般，命運線上有島型圖樣時，可預期你的戀愛將以不幸收場，故最好果斷地放棄現在的戀人。

此外，如圖22的b，命運線中斷時，會因結婚而短暫地吃盡苦頭，幸而只要互相努力，必可得到回報。

4 手相與職業相應

職業會反應在手相上嗎？

看手相能否判斷自己的職業適性？無庸置疑，性格與能力是決定本人職業適性的重要要素；故可藉由表示性格與能力特徵的手相，獲得判斷職業適性的線索。

爲此，我特別針對目前在各職業領域活躍的人的手相，調查其是否因職業而呈現某些共同特徵。我所找的對象大抵如下：

⑴各領域的知名人士。

⑵雖非名滿天下，但三年以上在同一職業活躍的人。

其調查方法爲⑴有關知名人士是按個別面談、電影影帶及手相文獻的手型，再依據手相型的類型加以分類。至於⑵在同一職業持續活躍三年以上的人，則是個別觀察其手而加以記錄。調查對象的職業，是採E・K・史特龍的職業分類，分成如下八大群。

①第1群

政治家、政黨員、工會幹部

②第2群

公務員、銀行員、公司職員

③第3群

技師、駕駛員、飛行員

④第4群

教師、醫師、藥劑師、X線技術員

⑤第5群

新開從業人員、播音員、圖書館員、書記

⑥第6群

藝術家、設計師、音樂家

⑦第7群

各種運動選手

⑧第8群

實業家、商店經營者

其後，針對各群調查結果，再深度探討手相型所出現的特徵。

哪種人適合當政治家？

日常我們閱讀新聞雜誌時，必可見到著名政治家的照片。但我們通常是漫不經心地瞄過去，殊不知其中很多都相當清晰地顯示了手的部分。

我曾從一九五八至一九七〇年八月國內外的雜誌（外國方面是「Life」、「Look」、「巴黎競賽畫報」）共二十種類中，調查過七十人政治家的手之特徵。其中也有很多無法判別手相型的照片，但藉由一併參考同一名政治家的其他照片或新聞影片，仍是確認了其手相型，另外也併用了C・沃爾夫專研之以「手的動作」判別性格的方法。

透過以上方法調查的結果如下：

DHⅢ型　十九人　BOⅢ型　四人
DHⅡ型　八人　BOⅡ型　九人
DHⅠ型　六人　BOⅠ型　三人
DOⅢ型　四人　BHⅢ型　八人
AOⅢ型　二人　BHⅠ型　七人

由結果可知，手相型以DHⅢ型居多，生命線型則以B型和D型佔壓倒性多數。智慧線型是H型較多。同時，從手的特徵看，也可發現拇指比普通人大，拇指的動作也相當活潑。

著名政治家如丘吉爾、艾森豪、赫魯雪夫、毛澤東、尼赫魯等的拇指，都以叉粗叉長爲特徵。我觀察日本政治家，如中曾根康弘先生、前尾繁三郎先生、石田博英先生等，其拇指亦然。

實力者的手相如何？

諸如此般，世界政治家屬DHⅢ型或B型的人出奇地多；但在日本尚有另一種特殊手相的政治家，他們都是實力者，並且身居領導地位。

遭到傳播媒體及多數國民批判，仍擁有七年以上的政權，並且爲歷代首相中總理在任記錄最長的佐藤榮作先生的手相，就是典型的代表。他的手相型是屬斷掌的F型手相。這種日本古來所謂的「斷掌型」，多爲實力者，一般認爲具有威壓他人的領袖性才能。佛像的手相多屬此型。

佐藤的兄長——亦擁有總理經驗的岸信介，以及文學家兼參議院議員石原慎太郎（現任東京市長），也同屬F型。

F型手相的人多爲集團的指導者，具有吸引大眾的強烈魅力。創價學會會長池田大作，就是這種典型人物的一例。

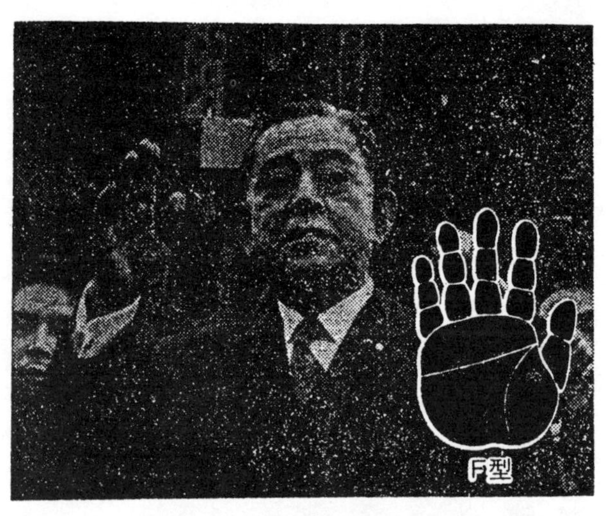

圖23　總理在位記錄最長的佐藤榮作的手

前外務大臣三木武夫（照片②）——手相型是：左爲積極的手，屬BLⅡ型；右爲消極的手，屬DLⅡ型。這類B型政治家，如吉田茂前首相、社會黨佐佐木更三先生，均以行動派居多。

以三木先生爲例，智慧線是長長的L型，表示有強烈追求理想的傾向。同時，感情線屬Ⅱ型，表示在人際關係上好惡分明。所以他在保守黨內經常扮演反主流派的統帥，勇於向主流派挑戰，高舉自己的政治立場。

他雖有豐富的見識與才能，卻全然不似F型政治家的特徵，而較拙於掌握人心。F型的佐藤首相的手相能與之作最好的對照。

社會黨的江田三郎（照片③）與佐佐木更三——此處姑且不論政治性話題，只憑手相來評比這兩位人物。先比較他們的手相型，江田爲ＡＬⅢ型，佐佐木爲ＢＨⅢ型。除了感情線型以外，兩人差距甚大。至於生命線型，江田爲Ａ型，與佐佐木相比，行動較妥協，不喜好鬥爭。

但江田熱情洋溢，是追求理想的青年政治家。與其說他是政治家，毋寧稱他爲文學家。佐佐木的性格則與他南轅北轍。佐佐木性格積極，不滿現狀，是不斷追求變化的行動家。他的這種人格就政治家而言，雖然常引起反感；他方面也結合了不少同志。

次頁的照片是中國領導人毛澤東的手相。我是根據公開發表的照片，將毛澤東過去的與現在的手相進行調查，並觀察其特徵。

毛澤東的手相是ＤＨⅡ型，這是政治家的手相中第二多的類型。其特色是感情線有兩處大斷折。

他生於一八九三年，青年時代參加革命運動，也參與中國共產黨之設立，是熱情型的政治家。毛澤東的激烈性格，可從感情線型看出端倪。瞧瞧他的拇指，拇指尖是朝內側彎曲。

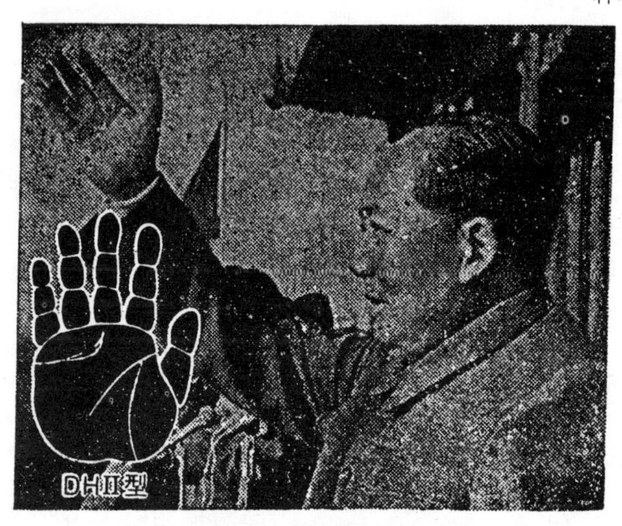

圖24　中國領導人毛澤東以及他的手

這含有兩種意味。一則表示天生朝此型態彎曲的人，是性格內斂，內心強烈緊張的類型。二則這種後天拇指尖彎曲的人，神經與腦系統異常所引起的居多。

但就毛澤東而言，經我長期調查，他的此種彎曲始於一九六八年，年輕時並未出現這種特徵。

從這點觀察，與其說它呈現了心理上的問題，不如說它顯示了肉體上的變化。與感情線平行，而增加很多的線紋，可能是血管系統發生異常。

美國前總統尼克森的手相屬DHⅡ型。身為律師而過清苦生活的尼克森，後來在總統選戰中敗給了甘迺迪。從手

圖25　美國前總統尼克森以及他的手

相上看，當時尼克森已輸了甘迺迪。

因爲感情線Ⅱ型者的特徵是，容易予人感情用事的形象，這給予他的選舉帶來了負面效果。

據說尼克森爲此曾改變臉上的化妝，並在手的動作上下了不少功夫。

誠如前述，以政治家活躍的人，生命線多爲D型與B型，智慧線爲H型與O型，感情線則以Ⅲ型居多。最有趣的是，這種手相型政治家的政治生涯多不太活絡。例如，被稱爲悲運政治家的前總理大臣石橋湛山是AOLⅡ型，由此手相型看來，感覺上似乎缺乏政治家的性格。

據此想來，身爲政治家及政黨、工

會幹部的人不妨查查自己的手相型，這不失爲診斷有無政治能力的良好指針。此外，目前擔任工會領導人卻苦於無法有效統卸的人，也不妨瞧瞧自己的手，或許能夠找到解決的線索。例如，感情線I型、生命線A型或D型的人，可能就是缺乏信念與勇氣所致。

哪種人適合當公務員、銀行員、教師？

根據針對公務員三十一人、銀行員十八人、教員十人，計五十九人所做的調查，發現其手相型是生命線居最多的是A型與D型，感情線則是I型與Ⅱ型較多，智慧線多爲O型與H型。同時在公務員、銀行員、公司職員方面，高級職員的感情線以Ⅲ型較多，此爲其特徵。至於生命線B型又年輕的員工中，不少人對當前的工作不滿，以及與同事失合。富士銀行的岩佐凱實會長就屬AHⅡ型。東急百貨公司的五島昇社長雖然不是公務員或銀行家，卻與岩佐同屬AHⅡ型，所以他也擁有銀行家般的風格與性格。

由此可見，以公務員、銀行員而活躍的人，多爲生命線A型或D型，感情線I型、智慧線O型。

哪種人適合當駕駛員、飛行員？

針對東京·飯田橋運送公司的駕駛員三十八人，與其他一般公司汽車駕駛員十二名進行調查，獲得如下的結果：

生命線型

A型　五人（一〇％）
B型　十七人（三十四％）
D型　十九人（三十八％）
F型　九人（十八％）

感情線型

Ⅰ型　十六人（三十二％）
Ⅱ型　十八人（十六％）
Ⅲ型　二十六人（五十二％）
（含F型）

(9)
這是理想的技術人員的手相。這適合處理機械工作的人。

由結果看來，生命線以D型、B型居多，而與其他職業相較，F型的人較多。此外，感情線Ⅲ型的比例爲五十二％，顯示駕駛員這項職業，相當需要精神統制力與緻密的神經。

照片(9)是一位十五年來擔任汽車

駕駛員，不會肇事者的手相。其手相型是典型的F型，特徵是食指較無名指爲短。食指短的人較不衝動，故多能保持冷靜。這是當駕駛員的理想類型。

爾後想從事這行業的人，不妨調查自己的手相型，以如下方式診斷自己的適性。

駕駛員	（好）	（稍好）	（不好）
生命線	F型、D型	B型	A型、C型、E型
感情線	Ⅲ型	Ⅰ型	Ⅱ型
智慧線	H型	O型、L型	

適合太空旅行的類型——賈加林、阿姆斯壯等太空人的手相?

東京神田以書店街而知名，那兒販售很多蘇聯的科學書籍。我每個月都會二、三次前往買書，那些書雖然不是精裝本，卻十分廉價。

八月底，我循往例前去，看見店門口貼著蘇聯的新聞照片。我瀏覽那些照片，突然忍不住叫了聲「啊！」有幀照片上剛好拍攝到與赫魯雪夫並排的契托夫少校和賈加林少校高高舉起的手。三人的手的手紋都能淸楚地判別。

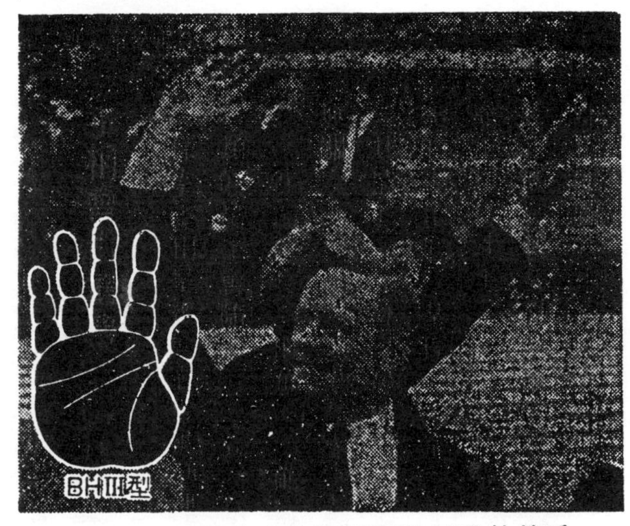

圖26　美國太空人阿姆斯壯以及他的手

一時間我真想請求店主將它讓渡給我，但又怕被誤以為狂熱的共產黨員，只好打消念頭。我凝視著照片，目不轉睛地看那三人的手。

近十年來，我見過的手相不知凡幾，但從來沒有如此激動。

賈加林、契托夫的手相又如何呢？饒富趣味的是，這兩人約屬同型。

即生命線B型、感情線Ⅲ型、智慧線H型。根據『生活』雜誌一九六一年三月號所載，美國為了執行火箭升空計劃，必須選錄三名適合太空飛行的人，其選定條件除得通過身體測定外，也得進行心理測驗和智能驗查。

據說這些測驗除檢驗飛行員的技術

優秀與否外，也要求忍耐力、勇氣和冷靜。或許在蘇聯亦如此，在選擇載人火箭上的飛行員時，各項測驗方法雖不盡相同，但仍必然實施高度的心理測驗。所以賈加林與契托夫的手相如此類似，實非偶然。由於他們身體狀態、性格、智能類似，故而手相當然相似。

就此而言，ＢＨⅢ型是適合太空旅行之類冒險者性格上最理想的類型。亦即生命線Ｂ型是冒險心強烈的性格，適合從事須決斷力的工作。感情線Ⅲ型的性格相當冷靜，感情不易受外界變化影響，所以在太空裡長時間地孤獨，亦不以為苦。智慧線Ｈ型一般表示身體強健，神經機能健全。

一九六九年七月二十日，人類史上初次登陸月球的美國太空船阿波羅十一號阿姆斯狀船長和科林斯飛行員，都是ＢＨⅢ型。

他們來訪日本時，我曾根據他們對群眾揮手的很多照片，判斷他們的手相型。遺憾的是，那次首航的飛行員歐爾多林先生的手相，無法清楚看到。不過最值得矚目的是，太空飛行員多半與第一號太空飛行員賈加林少校，有相同的手相型。

適合當新聞從業人員與評論家的人

針對從事新聞、出版關係工作的人二十一人調查的結果，發現其生命線多爲A型與D型，又感情線是Ⅱ型、智慧線是H型居多。不過由手相型，並未發現存在著格外適任新聞工作者的特徵。

但由手相型觀察，倒發現其與第二群（公務員、銀行員、公司職員）類似。現將有關此二十一人的調查結果列示如下：

生命線型		感情線型		智慧線型	
A型	一〇名	Ⅰ型	三人	O型	七人
D型	十一名	Ⅱ型	一〇人	L型	四人
		Ⅲ型	八人	H型	一〇人

以新聞從業人員而活躍的著名人物的手相型，很多屬此類型。已故的評論家大宅壯一先生的手相是，左手生命線D型，感情線Ⅱ型，積極的手右手的手相爲FO型。這表示他直觀力敏銳，表現力豐富。此外，他也是劍及履及、對多領域關心的人。再者，他雖擅長獨特而痛烈的批判，並贏得名嘴的綽號，但

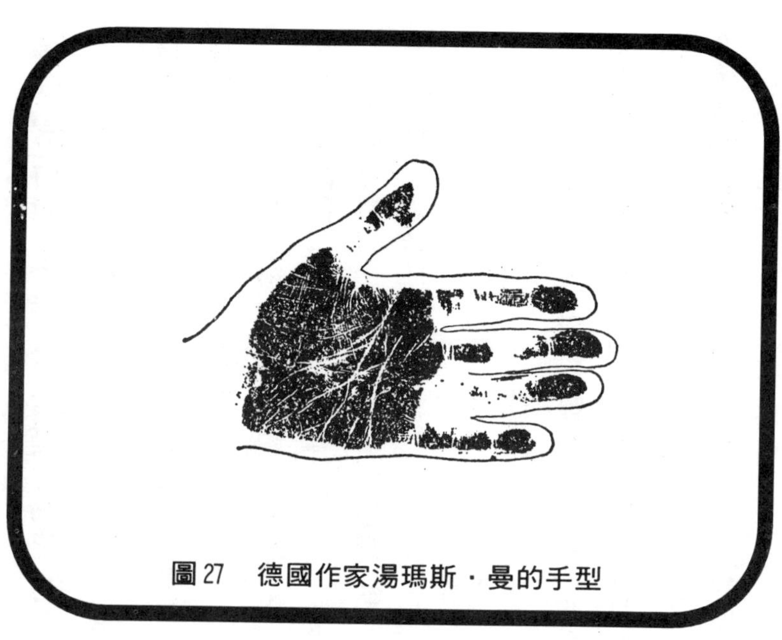

圖27　德國作家湯瑪斯·曼的手型

觀其手相，卻對他人感情濃郁，屬於感傷家類型。

從事新聞記者之類高挑戰性工作的人，較多見C型與B型，此係屬攻擊型的手相。以「國際事件記者」之名而聲名大噪的政治評論家大森實（照片⑫），爲COⅡ型。政治學家兼慶應大學教授神谷不二的手相，也與大宅壯一的相似。

著作『星星王子』的法國文學家尚·鐵克裘貝里，也針對各種文明進行批判，他志願當空軍協助抵抗，追求夢與行動力，他的手相是DLⅡ型，與衆不同的是，拇指又粗又大。拇指粗與「自我」強烈有關，其性格多較頑固。法國創作家兼熱情的前衛電影製作人姜・克庫多的手相，也頗相似尙・鐵克裘貝里的手相。

但他的手相的智慧線型，屬DHⅡ型。中指、無名指根部橫紋多，這一點兩人也很相似。以具批判性精神而活躍的新聞從業人員，其中指根部橫紋愈多，愈擁有敏銳的感受性。

二十世紀代表性長篇小說『魔山』與『杜尼歐・克雷凱』的作者，一九二九年獲諾貝爾文學獎的德國文學家湯姆斯・曼，也屬這DHⅡ型，其中指根部也可見多數半圓形線紋。

適合當藝術家的人——演劇、電影——

針對早稻田大學演劇社團的學生二十三人，以及在電視或電影活躍之著名或無名的演員二十名為對象，所進行的手相型調查，結果發現其手相有類似特徵。

生命線型		感情線型		智慧線型	
A型	十一人	I型	九人	O型	十七人

B型　十五人　Ⅱ型　十二人　H型　三人
D型　十七人　Ⅲ型　二二人　L型　十八人
OL型　五人

由調查中發現，從事相關演劇或電影工作的人，生命線型為C、E、F等型之外的各類型；感情線多為Ⅲ型；智慧線則明顯以L型、O型、OL型居多。一般從事演藝工作須具備各種能力與性格特徵，諸如：

①根據說話、臉部表情及其他肢體動作，描寫行動與感情狀態的創造性想像力。
②動作及表演者的態度。
③使用流暢言語的能力。
④悅耳、明確，又富情感的聲音。
⑤活力充沛、調適能力好、美貌。

——宮原誠一編『職業』（有斐閣）——

這些條件可簡要概括為年輕貌美、演技力、不怕多事等三項，對於想躍身演藝界的人，以上為不可或缺的條件。

從手相上能判讀出這些性格和能力嗎？

誠如前述，第二影響線多的人，婚姻線充分發達的人，掌部分與手指長度平均的人，一般都是身體均衡，魅力十足的人。池內淳子小姐（照片⑮）、松原智惠子小姐（照片⑰）、淺丘琉璃子小姐、高峰秀子小姐、前田武彥先生等人的手相，均屬這種典型。

手相型DＯⅡ型、DＯⅢ型，是適合當藝術家的類型。與此型相似的電影演員有名演員三船敏郎、岡田茉莉子等人。

另外，演技力與智慧線型有密不可分的關係。我常利用看電影、電視時留意演員的手相，所以能統整他們的手相的共通性。一般而言，L型的人演技具獨創性，有個性。在歌舞伎世界和外國舞台大活躍的市川染五郎先生的智慧線就屬L型。電影演員勝新太郎、有島一郎、有馬稻子等人也屬此類型。再者，在電視和廣告界發揮特殊個性的中山千夏先生，則屬ALⅡ型。電影演員、電視明星的智慧線，常見分岔為二條的ＯL型。

接著，就「不怕多事」這點而言，以生命線B型、感情線Ⅲ型或Ⅱ型較理想，此已如前述。森繁久彌、三木典平、岸惠子、中村玉緒等人均屬這類型，單口相聲大師三遊亭小圓遊的手相，也類似此型。

根據手相判斷，適合演劇關係的類型如下：

	（好）	（稍好）	（不好）
生命線	B型、C型、F型	D型	A型、E型
智慧線	O L型	O型	H型
	L型		
感情線	Ⅲ型	Ⅱ型	Ⅰ型
第二影響線	多	二、三條	無

循此方法即可判斷你是否擁有當演藝人員的才能。

碧姬·芭鐸是屬這類型的人。試看她的手，生命線爲B型、智慧線O型、感情線Ⅱ型、婚姻線又長又發達。另外，雖然無法清晰看見，但其小指球的線紋——第二影響線可能很多。

歌舞伎演員兼藝術院會員，上一代市川猿之助先生也屬此類型。他的生命線與智慧線的空間相當寬大，表示性格活躍，經常能製造新聞。

同時，從智慧線又分出數條支線，說明他有豐富的表現力和演技力。此外

圖28　法國電影演員碧姬·芭鐸的手

，猿之助之孫歌舞伎演員市川猿之助的手相，爲BOLⅢ型（右手），與猿之助相同。尤其智慧線的特徵非常相似——支線很多。這代表猿之助先生的演技與前輩有相似之處。

至於偶像歌手則以F型居多，花生姊妹（照片㉑）、坂本九（照片⑲）、南沙織先生等人均屬之。

憧憬當電影、戲劇演員，或當導演、劇作家的人，想必不少吧！

日本代表性電影導演，以「純情卡門」、「二十四瞳」、「君如野菊」等大作聞名的木下惠介的手相，爲BLⅡ型，其特徵是智慧線非常長，屬L型；感情線Ⅱ型，擁有纖細的感受性。

圖29　日本代表性電影導演木下惠介和他的手

至於外國電影導演，「北北西」、「鳥」等異色懸疑電影的導演希區考克，也屬BLⅡ型，顯然他有異常的想像力和超群的感性。

適合當文學家的類型

諸如小說家、詩人、劇作家、翻譯家、新聞記者、編輯人員等，均屬這類型。從事這些職業，須具備①獨創性、②表現力、③感受性，屬此類型的理想手相型如下：

	（好）	（稍好）	（不好）
生命線	A型、D型、F型	F型	E型
感情線	Ⅱ型	Ⅰ型	Ⅲ型
智慧線	L型	O型	

約三十年前出版的『手相的神秘』一書曾介紹菊池寬的手，其中揭示他的手相型爲DOⅡ型，是具有文學適性的手，又命運線非常長，第二命運線自小指球伸展而出。這些都是在文學方面當紅的人的共同特徵。至於以『雁之寺』、『飢餓海峽』等代表作而知名的直木獎作家水上勉的手相，其生命線爲D型。以文學家而少見的HO型智慧線Ⅲ型感情線，正顯示出他對多方面的強烈關懷，以及對生活的期許。

現代文學的旗手芥川獎作家大江健三郎，和直木獎作家山口瞳（照片⑩），也有與水上勉相似的手相。女作家方面，戶川昌子女士（照片⑪）爲ALI型，表示她具備了當作家的才能。

以自殺而悲劇性死亡的異色文學家、已故三島由紀夫（照片⑭），其左手爲BLⅡ型，右手爲DLⅡ型。根據英國手相學家諾埃·傑昆的說法，這表明他擁有優秀的文學家的素質。

另在『國文學·解釋與鑑賞』雜誌（一九六一年十一月臨時增刊號）中，有篇由片口安史氏藉助羅沙哈測驗，針對現代作家二十二人進行心理診斷的報告，一度成爲熱門話題。我曾走訪該雜誌所介紹的作家，觀察他們的手相，以及片口安史博士的診斷結果相對照。

●中村真一郎先生　手相型——DLⅡ型（兩手都是）

手相特徵——命運線發達。智慧線極端朝手腕方向下垂。現將這些手相的特徵綜合判斷，DLⅡ型是前述文學家類型的典型；智慧線L型，又延伸到小指球下方，表示其獨創力、幻想力豐富。有時他的相法會脫離現實，但他的思想與獨創卻令人感動。感情線Ⅱ型，又有起伏，表示感情控制不太好；可是他在感情面的各種不安、喜悅、悲哀、憤怒等，很少顯露在外，有極端內向的傾向，而且很容易因他人的言語而受傷。以下介紹片口博士的診斷結果。（以下片口博士所作之羅沙哈測驗診斷結果，全文引用）

【羅沙哈測驗診斷結果】

「擁有豐富的想像力和共感性，溫和寬厚。不過，他的想像常朝向幻想的世界。予人『豐富的內閉性』之感。在以直觀掌握對象之全體氛圍方面，顯出優秀的能力。與其說能客觀地解析對象，毋寧說較強烈地以主觀投入；同時對於對象微妙的諸特性非常敏感。」

●野間宏先生　手相型——DOⅢ型（右手）、DOⅡ型（左手）

手相特徵——左右手的命運線、第二命運線非常發達。由他的手相看，左手是積極的手。這積極的手有二條命運線，一條從生命線上升，另一條從小指球上升。由積極的手判斷性格，因其係ＤＯⅢ型，故常能冷靜而客觀地掌握事物。

但消極的手爲ＤＯⅡ型。這代表他雖在現實生活上保有客觀的態度，但在另一方面，也有強烈的主觀要素，明顯傾向於反抗性和自我意識，只是他強烈的反抗性和自我意識，相當內向化，不致形諸表面。

【羅沙哈測驗診斷結果】

「主觀性強，但有自閉傾向。擅長對應抽象圖形，也對政治賦與關注。他對現實的體驗方法很獨特，是『觸覺式的』。想理解他的感覺與思想，先得了解其獨特的體驗方法。」

將診斷結果與手相判斷進行比較，有一些出入。羅沙哈測驗方面充分能表示呈現於消極的手的特徵。

●江戶川亂步先生　手相型——ＤＨＯⅡ型（左手）、ＤＬⅡ型（右手）

手相特徵——命運線、第二命運線很發達。智慧線的支線多。

擁有文學家的共通特徵。但智慧線支線多，尤其有H型支線，表示多才多藝，既有文學才能，也有優異的實業家才能。

感情線Ⅱ型、智慧線L型，這點予人不擅控制感情的印象，所以常將自己的感情形諸於外。不過，從感情線又有跨越智慧線的支線，故爲人穩重。

【羅沙哈測驗診斷結果】

「精神上極安定，幾乎不存在著不安或糾葛。就全體而言，與他的年齡相較，精神活動仍相當年輕，但不容置疑的是，又令人感覺他的大腦似乎有器質性的障礙，有過度樂觀，欠缺控制的反應傾向。幸而這種障礙只是輕度，尙不致使反應全般地低落。

此外，他可能有同性戀傾向，只是受到壓抑而潛存著。」

●圓地文子小姐（照片⑬）　手相型——F型（右手）、ALI型（左手）

手相特徵——左右兩手嚴重變形，是稀有手相。兩手命運線、第二命運線發達。右手的命運線變化大，所以積極的手在右手。左右手的生命線、智慧線的起點異常多，第二生命線是從婚姻線的末端下垂，可猜測圓地小姐生來體質虛弱。尤其長長的第一影響線越過生命線、命運線，而抵達感情線，這表示圓地小姐會有生死交關般的重大經驗。將用歐美式占術，由其命運線、生命線的位置來判斷那種經驗發生的年齡，是二十五歲前後、三十歲前後、四十歲前後共三次。在這些體驗中，令圓地小姐的人生徹底改變的，是四十歲前後經歷的一次。至於圓地小姐的爲人如何呢？

智慧線L型，表示她是空想力、獨創力強的人。從積極的手判斷，她看來十分重視感情，開朗、活潑、有社交性。但由消極的手的感情線特徵來看，卻顯得她是小心翼翼、很在意對方情緒的類型。這表示圓地小姐在日常生活上會出現極端兩面性的行動。她在日常生活中採取行動時，常流於極端；但陷入消極時，又流於嚴重的自卑感而喪失自信。不過，圓地小姐一旦行動起來，常能博得成功與名譽。

那麼，圓地小姐未來的生活如何呢？這得查看感情線上方的命運線和第二命運線。這些紋線十分清晰，表示她將有穩固的未來，不管精神上或物質上均非常安定。再看看命運線的六十歲前後附近，命運線中斷，另條紋線則向側邊上升。同時，它附近也有横向交叉的線紋。這或許表示生活態度的變化——就圓地小姐而言，則代表文學上創作態度的變化，或創作上的新的野心。積極的

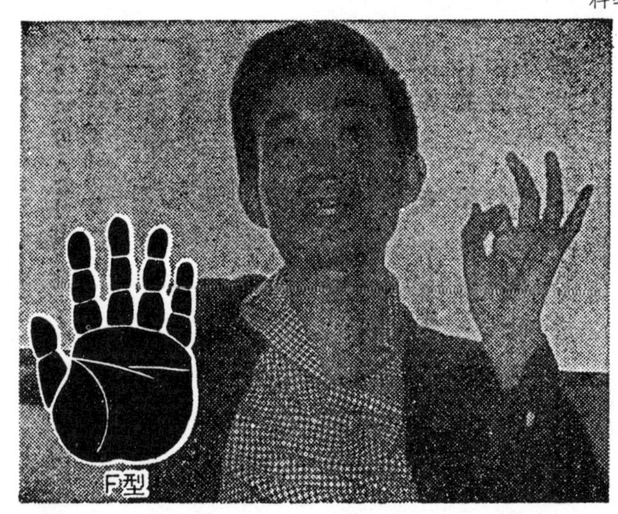

圖30　音樂界的旗手小澤征爾先生和他的手

手在那條紋線上從五十五歲前後往上升，故或許圓地小姐的野心——即文學活動的一大變革，已在心中醞釀好了。

【羅沙哈測驗診斷結果】

「頭腦靈活，處事迅速。判斷客觀而冷靜；情緒的抑制強烈，不會感情用事。『我就是女性』的意識強烈，明顯自愛，予人拒男性於千里外的印象。存在著相當嚴重的身體上的不安感，唯有關連此事時，她的反應才會呈現某種動搖。」

適合當畫家、音樂家的類型

適合當畫家的性格與能力如下：

①在繪畫的表現及設計上所須的創造能力。

畫家的無名指比一般人的長得多。小指則是長低於無名指第一關節下方。

圖31　指長與性格的關係

②靈活。

③對色彩的感性。

想當畫家、設計家、雕刻家的人，須具備上述能力與性格。若從手相來判斷，則須擁有如下條件：

	（好）	（稍好）	（不好）
生命線	D型、E型	A型	B型
智慧線	L型	O型	H型
感情線	Ⅲ型	Ⅱ型	Ⅰ型

除了手相型上的特徵外，畫家、雕刻家的手，一般以無名指、小指較長爲特徵，這是歐洲手相研究者的看法，不過觀察馬蒂斯和畢卡索的手，也的確有此特徵。

那麼，如何判斷無名指、小指較長呢？請看圖31，其無名指和食指長的比例，一般人是兩者長度相等或食指稍長；但有繪畫表現力的人，則是無名指較長。日本畫家東鄉青兒、豬熊弦一郎、山下清等，都有此特徵。

此外，音樂家則以F型或DLⅡ型居多。之所以以F型的人居多，是因爲在此領域有否天分相當重要。小澤征爾、芥川也寸志、中村八大等均屬之。

適合當運動選手的人

東京藏前國技館設有相撲博物館，其中保存了目前的力士和往昔著名力士的手型。我將那些力士的手型根據手相類型加以分類，其結果如下：

生命線型		感情線型		智慧線型	
A型	二人	Ⅰ型	四人	O型	五人
B型	六人	Ⅱ型	十一人	L型	三人
D型	十三人	Ⅲ型	十四人	H型	二一人
F型	八人				

就這二十九人力士的手相而言，生命線以D型最多，其次是F型、B型。值得注意的是，F型以相當多的比例存在的事實。感情線則以Ⅲ型居多，智慧線以H型壓倒性多數。據此而言，當力士的理想類型是BHⅢ型或DHⅢ

型。饒富趣味的是，橫綱是有這兩種手相類型的力士。

ＢＨⅢ型的橫綱——北の富士、柏戶、若の花。

ＤＨⅢ型的橫綱——大鵬、朝潮、雙葉山

Ｆ型的橫綱——玉の海、栃之海

我不了解大鵬與柏戶的相撲手法有何差別，但他們在性格上顯然不同。柏戶的生命線型爲Ｂ型，所以常採相當大膽的行動；但大鵬是Ｄ型，屬愼重行動的類型。兩人感情線都是支線多，可見他們的情緒起伏也多。

摔角、拳擊、舉重的選手，與相撲力士同樣，生命線多爲Ｂ型或Ｄ型，智慧線則爲Ｏ型，感情線若非Ｉ型就是Ⅲ型。手的特徵以拇指球和小指球的肌肉發達，拇指又粗又長的人爲理想。

調查日本職業拳擊手中有冠軍經驗者的手相，可發現非常有趣的類似點。最輕量級的前冠軍者原田是ＤＨⅢ型，青年組輕量級的前冠軍者小林弘，也有相同的手相型。

在日本掀起泰氏拳擊賽熱潮的澤村忠爲ＤＨⅢ型。這些拳擊手的共通特色，在感情線部分。亦即中指根部出現半圓形的短紋。

圖32　阪神虎隊當家投手江夏選手和他的手

以職業摔角手而大活躍的力道山的手也屬這類型。手相型也是DHⅢ型，但拇指粗，而拇指球、小指球與手指根部肌肉相較，非常發達，是拳擊手的理想類型。

繼力道山之後造成第二次摔角熱潮的馬場選手(照片㉓)，也有與力道山相同的手相型。此外，馬場選手的手很大，稱得上是日本最大，它長二十三・五公分，寬十二公分。

與上述運動相較，棒球、網球、排球、籃球等須仰靠手腕動作和全身運動神經的運動，其選手的感情線型多爲Ⅱ型，智慧線多見O型或H型。照片所見長嶋選手的手相型爲DHⅡ型，即屬之。

一九六一年，在美國聯盟賽打出六十支以上全壘打，而破了貝比魯斯的記錄的馬利斯、曼特爾兩選手，也屬這類型。同時，巨人隊的紅人王貞治也有與長嶋很相似的手相。ＤＨⅡ型的細紋少，基本線粗而明確。阪神虎隊當家投手江夏豐選手，也與王貞治或長嶋同屬ＤＨⅡ型。總教練村山實（照片㉒）爲ＤＨⅠ型；前投手村山總教練的手，也是又粗又結實。

這種情形不僅見於棒球界。高爾夫球界和滑雪界也以這類型較有突出表現。成功達成喜馬拉雅下降滑雪的職業滑雪手三浦雄一郎先生，和職業高爾夫選手陳清波先生，均是ＤＨⅡ型，其中指根部也有半圓形短紋出現。

經調查隸屬早稻田運動部的選手（田徑、網球、遊艇、籃球）二十四人的手相型，結果發現如下特徵：

生命線型		感情線型		智慧線型	
D型	十二人	Ⅰ型	八人	O型	九人
B型	七人	Ⅱ型	十二人	H型	十一人
A型	五人	Ⅲ型	四人	L型	四人

生命線型以D型爲多，與力士相似；但感情線與力士相比，是Ⅱ型多、Ⅲ

型少。至於智慧線則與力士同樣，多見H型。

就此可將運動員的共通特徵統歸如下：生命線B型或D型、智慧線H型；感情線型則因運動種類之不同而互異。另外，田徑競技、網球、籃球選手的智慧線，呈現雙重或彎折或變形者，佔半數以上，這或許和運動神經的敏感有關，但因調查不充分，故無法斷言。

5 帶來成功的手相

著名人物的共通點

誠如前述，隨著職業之不同，其手相型亦互異。但縱使隸屬各該類型的手相，當事人也未必能在各該職業獲致成功。但究竟何謂成功，迄今定義仍不明確。今日一般對其所下的定義是，「有名」或「多金」。

就有名而言，電視或電影演員稱得上是成功的人；可是就多金而言，未必是有名的演員也擁有厚實財力。雖然無名，但多金的人也不在少數。例如，以職業摔角手而知名的馬場選手和佐藤總理大臣間並沒有共通處，但對多數人而言，他們的知名度無分軒輊。

美國總統尼克森與電影演員伊麗莎白泰勒，對美國人以外的人而言，毫無共通處，但就世界性的高名氣這點而言，兩人卻又共通。

諸如此般，雖然各人所行所爲不同，但卻個別成功地獲得名氣的人，應有其共通點才對。那麼，手相上是否存在著這種共通的特徵呢？

於是我將各領域裡在過去、或在現在有名的人物的手相，根據手相文獻和我個人的觀察，以類型別加以分類，所得結果如表33所示。

分析這些著名人物的手相，其感情線型半數以上是Ⅲ型，尤其運動、演藝、實業界方面，更以Ⅲ型居多。此外，生命線型多爲B型與D型，政治家、實業家、演藝人士，常見這類型。至於智慧線，運動、實業界、政界的人士多爲H型。所以靠著手相型能期待未來功成名就的優秀分子，不是BHⅢ型的人就是DHⅢ型的人。

觀察名人的手相，除了手相型方面的指長、命運線特徵外，與一般人的手相也有相當差距。以下茲舉二、三名著名人物的手相爲例，探討其特徵。

表33 著名人物手相的淺野式分類

人物	手相型
【政治家】	
青島幸男（參議院議員）	DLⅠ
石田博英（前勞動大臣）	DHⅡ
宇都宮德馬（自民黨國會議員）	BHⅢ
江田三郎（社會黨前書記長）	ALⅢ
佐佐木更三（社會黨前委員長）	BHⅢ
佐藤榮作（首相）	*F
史達林（蘇聯前首相）	*BLⅡ
戴高樂（法國前總統）	*BOⅢ
中曾根康弘（自民黨總務會長）	*AHⅡ
尼克森（美國總統）	*DHⅢ
希特勒（納粹德國的獨裁者）	*BOⅡ
前尾繁三郎（法務大臣）	DHⅢ
三木武夫（前外務大臣）	BLⅡ
毛澤東（中國共產黨主席）	*DHⅡ
吉田茂（前首相）	*BHⅢ
【實業家】	
岩佐凱實（富士銀行會長）	*AHⅡ
小川榮一（藤田觀光社長）	BHⅢ
鹿島守之助（鹿島建設會長）	BHOⅡ
五島昇（東急百貨公司社長）	AHⅡ
坂井泰子（安妮前社長）	BLⅠ
本田宗一郎（本田技術社長）	DHⅢ
渡邊美佐（渡邊製作副社長）	BLⅠ
【學者】	
愛因斯坦（諾貝爾獎物理學家）	*BHⅢ
神谷不二（政治學者・慶應大學教授）	F
【文學者、評論家】	
石原慎太郎（小說家）	F
圓地文子（小說家）	F
大江健三郎（小說家）	*DHⅢ
大森實（政治評論家）	COⅡ
邱永漢（小說家）	BLⅢ
佐藤愛子（小說家）	BOⅡ
馮瑪斯・曼（法國小說家）	*DHⅡ
戶川昌子（小說家）	ALⅠ
中村真一郎（小說家）	DLⅡ
野坂昭如（小說家）	DLⅡ
野間宏（小說家）	DOⅡ
三島由紀夫（小說家）	*DLⅡ
水上勉（小說家）	DHOⅢ
山口瞳（小說家）	DOⅢ
【藝術家】	
秋山庄太郎（攝影家）	ALⅡ
豬熊弦一郎（西畫家）	DOⅢ
小澤征爾（指揮家）	*F
木下惠介（電影導演）	*BLⅡ
谷內六郎（畫家）	F

姓名	職業	類型
東鄉青兒	（西畫家）	DOⅡ
畢卡索	（法國畫家）	＊DLⅢ
山下清	（畫家）	DHⅠ
橫尾忠則	（插圖畫家）	DLⅡ
【演藝人員】		
淺丘琉璃子	（電影演員）	EOⅡ
伊迪斯・漢蓀	（電視演員）	AHⅠ
伊東尤佳利	（流行歌手）	DLⅡ
池內淳子	（電影演員）	EOⅡ
市川猿之助	（歌舞伎演員）	BOLⅢ
市川染五郎	（歌舞伎演員）	ALⅢ
勝新太郎	（電影演員）	ALⅡ
花生	（伊藤惠美 流行歌手）	F
姊妹	（伊藤尤美）	F
坂本九	（流行歌手）	F
三遊亭小圓遊	（單口相聲家）	DHⅢ
高峰秀子	（電影演員）	AOⅡ
中村明子	（電視演員）	F
中山千夏	（電視演員）	ALⅡ
碧姬・芭鐸	（法國電影演員）	BOⅡ
前田武彥	（電視主持人）	EOⅢ
松原智惠子	（電影演員）	EOⅡ
三木典平	（電影演員）	BHOⅡ
三船敏郎	（電影演員）	AOⅢ
南沙織	（流行歌手）	F
森繁久彌	（電影演員）	BOLⅢ
羅桑納	（流行歌手）	AOⅠ
【運動選手】		
江夏豐	（職業棒球選手）	＊DHⅡ
王貞治	（棒球選手）	＊DHⅡ
北之富士	（橫綱）	BHⅢ
澤村忠	（泰國拳擊手）	DHⅢ
巨人・馬場	（職業摔角手）	DHⅢ
大鵬	（前橫綱）	DHⅢ
陳清波	（職業高爾夫選手）	DHⅡ
中山律子	（職業保齡球手）	BHⅡ
長嶋茂雄	（職業棒球選手）	＊DHⅡ
並木惠美子	（職業保齡球手）	BHⅡ
三浦雄一郎	（職業滑雪手）	＊DHⅡ
村山實	（棒球總教練）	DHⅠ
【其他】		
池田大作	（創價學會會長）	＊F
金雄鎔	（韓國天才少年）	F
坂田榮男	（圍棋九段）	F
黛維夫人	（前蘇卡諾總統夫人）	ELⅡ
藤田小女姬	（占卜師）	DLⅡ

＊印者，是根據新聞影片或雜誌照片加以判定。

森繁久彌先生的「手相論」

我在一九六一年底，到東寶的攝影棚拜訪因拍攝元月電影而忙得不可開交的森繁久彌。我請求森繁讓我看看他的手相，孰料我一開口，他竟說：「提到手相，我也有話要說。」於是他開始以獨特的表情和口吻談到森繁「手相論」。

「年輕時，一位手相占卜師占斷我將於二十五歲死亡，所以一度非常沮喪。但我活到四十三歲的今天，竟然一切無恙。因此，我認爲手相占卜不過是使前途無量的年輕人困擾罷了……。」森繁先生愈說愈激動，他強調藉著手相或許真能判讀一個人的性格或過往的疾病，但對當前的生活未必有利益。

他認爲重要的是，人人想了解「十分鐘後我在路上會否撿到一個大紅包」之類有關未來的事。聽他說了這番話，我想大概不可能看到森繁先生的手相了，正想放棄這念頭之際，卻聽他說：「請看看我的手吧！」隨即他大方的伸出手來。我很驚訝，真不愧是森繁先生，我佩服他！他雖然對手相占卜不信任，卻抱著大氣度伸出了他的手。

森繁先生的手相型是ＢＯＬⅢ型，是做爲舞台人最理想的類型。Ｂ型通常不怕多事，進取，野心勃勃。左手的智慧線好似用尺劃出一般，呈一直線，感情線又是Ⅲ型，這些都代表他堅持意志到底的性格。此外，智慧線在途中分岔爲二條，顯示他多才多藝，能歌善辯，有演技力。這些特徵都說明了森繁先生今日的成功。右手的第二命運線與命運線交叉，這正足以表示森繁先生功成名就，無論精神上或經濟上都處於穩定狀態。

BⅢ型擁有事業家的高超手腕

邱永漢先生（照片⑨）有「賺錢之神」別稱，他確實日進斗金，還獲領直木獎，他的手相是BLⅢ型，是屬於具有優秀的事業手腕的類型。他生於台灣，畢業於東大，原本想當公務員，但赴香港後興起賺錢的念頭，從此開始向新的工作挑戰。L型的智慧線、手細長又多紋的男性，常有超出常人的構想。他既是B型，便不可能將構想擱置一邊，他追求變化，不以現狀爲滿足。

大正、昭和的文豪菊池寬也有與他相似的手相，他創設文藝春秋社，以文壇舵手而聞名，是事業家與文學家混合模式的手相典型。

鹿島建設會長鹿島守之助的手相，也是命運線很發達，智慧線有二條，表示多才多藝的HO型。手相型爲BHOⅡ型，不僅擁有作爲實業家的能力，並且是頭腦極其靈活的學者類型。此外，異類實業家或常成爲話題的實業家，多係DHⅡ型或DHⅢ型的人。綽號「財界的堆土機」，燃燒著事業意欲的藤田觀光社長小川榮一（照片⑥），也是BHⅢ型。另外，讀賣新聞社社長兼參議院議員故正力松太郎，也是與他類似的財界人士。

就女性而言，以B型而擔任事業家功成名就的人很多。以生理用品而闖下一片天的「安妮」前社長坂井泰子（照片⑦），和演藝界的實力者渡邊製作公司副社長渡邊美佐（照片⑧）的手相，都是BLⅠ型。因丈夫事業失敗，而靠寫作解決金錢問題的女作家佐藤愛子，則是BOⅡ型。

諸如此般在各職業獲得成功的人，從其手相上除可看出職業適性外，還具有下述三要素：

①感情線Ⅲ型，生命線B型或D型。

②拇指又粗又長。

③命運線與第二命運線長而清晰。

《關於手相的金言》

『聖經』「箴言」第三章一六

「其右手是延年益壽，其左手是榮華富貴。」

亞里斯多德『亞里斯多德手相術』

「手紋並不以任何原因而被銘刻，它是天生感化力與個性的呈現。」

王爾德鎮『多里安．葛雷的畫像』

「就因果而言，壞人作惡，則嘴邊長皺紋，眼瞼鬆弛，手型變醜陋，以致露出馬腳。」

查爾斯．貝爾（英國生物學家）

「腦的各部分與手的神經系息息相關。尤其與指頭及手紋上的微分子深有關係。」

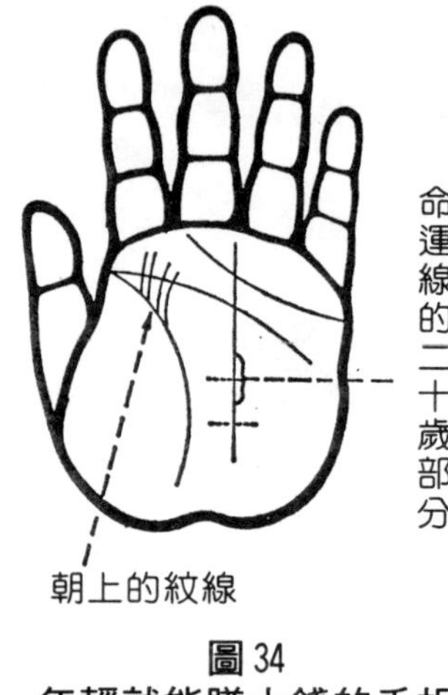

圖34
年輕就能賺大錢的手相

以上就是成功者共通的手相特徵。可是根據歐美式的占術，如何占斷「成功」呢？以下介紹其方法二、三種。

當然這類占法並未有足以實證的科學性理由。

占法1——有財運的手相

命運線長，加上第二命運線也長的人，是有財運的人。但如生命線B型、智慧線L型的人，則揮金如土，不易積累財產。丈夫屬此類型的女性，爲使丈夫成功，必須妥善掌握金錢。可根據以下方法配合年齡進行判斷。

①二十歲層時有財運的人

查看命運線二十歲層的部分，亦即智慧線與命運線交叉處以下的命運線，如果沒有折彎或中斷，則二十歲左右就有金錢運。但僅如此仍不充分。請看圖34，生命線的食指部分還得有很多的紋線，才真的具備這種資格。

②三十歲層時有財運的人

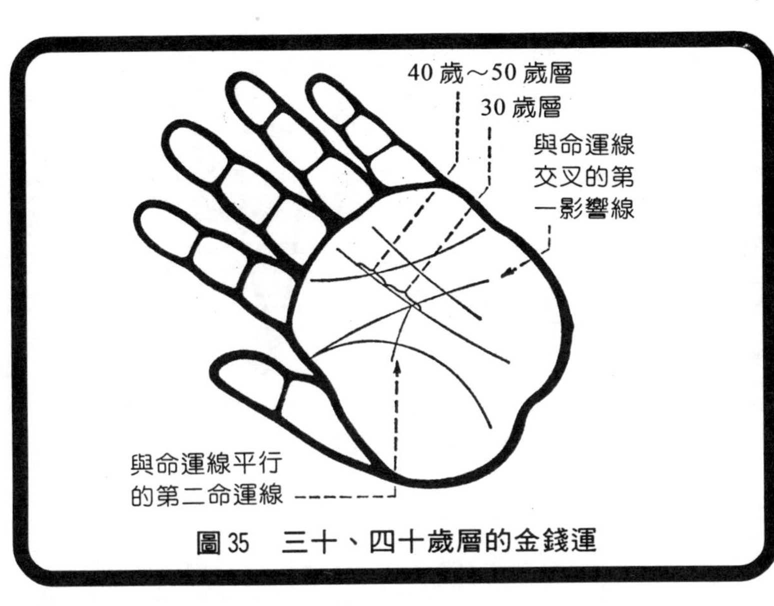

圖35　三十、四十歲層的金錢運

請看表示三十歲層的命運線部分，在命運線與智慧線交叉的附近，如命運線呈一直線，而自拇指方向延伸出的第一影響線未與之交叉，則三十歲層就能有財運。

不過，僅如此亦不充分。試問你的第二命運線如何呢？如果它與命運線平行，又只有一條，則發財希望愈大。同時，第二命運線與命運線交叉時，無疑也必能獲得財運。

③四十歲層至五十歲層有財運的人

四十歲層的命運線部分，亦即感情線與命運線交叉處的上方，紋線若呈一直線，則表示擁有資格。

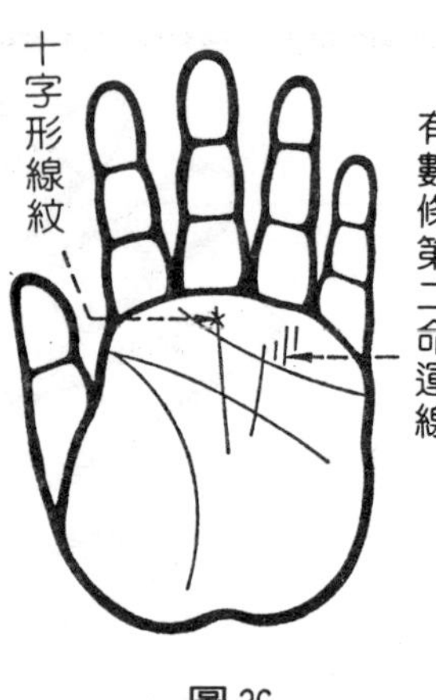

圖36
老後經濟拮据的手相

如有第二命運線，更能賺進大筆金錢。但請再瞧瞧第二命運線、若其線紋如圖36般有數條，則表示縱使有錢入手，也會快速消失，過著金錢進出激烈的生活。同時，命運線途中如有十字形紋線出現，意味有很多意外的支出與損失。

根據上述基本看法，占一占你各年齡層的經濟狀態吧！

占法2——退休後的你將會如何？五十五歲以後的生活

查看在感情線上方的命運線和第二命運線部分，可知道你退休後的生活；不過，也要配合瞧瞧生命線的手腕側部分。

①命運線和第二命運線成爲極清晰的一條線紋，可擁有變化少的幸福生活。尤其在生命線之端沒有島型的異常或星狀的異常，表示無論在經濟上或精神上都有穩定的老年生活。

②命運線在途中中斷、分岔，則家庭問題頻發，金錢上也多拮据；可是如

果其尖端部分伸展明確，則不致造成問題。只是有這種手紋的人必須趁早儲蓄，期能在不仰靠家族的情況下度過退休後的生活。

③有人在這部分完全不見命運線那麼，就不能期待有什麼樂趣的晚年了，日子或許單調，但還算平和。

占法3——難以陞遷時——如何獲得上司的肯定？

先查看表示自己年齡的命運線。如果這部分的命運線彎折或中斷，多半代表你對當前的工作認識不足所致。既然你未能正確掌握自己的才能與能力，故建議你重讀本書有關才能與職業的內容，以確認你自己本身。

①命運線以直線延伸——必然在最近的未來你的努力將獲得代價。因爲表示你年齡的命運線部位，有朝向側邊的平行紋，故應可陞遷。

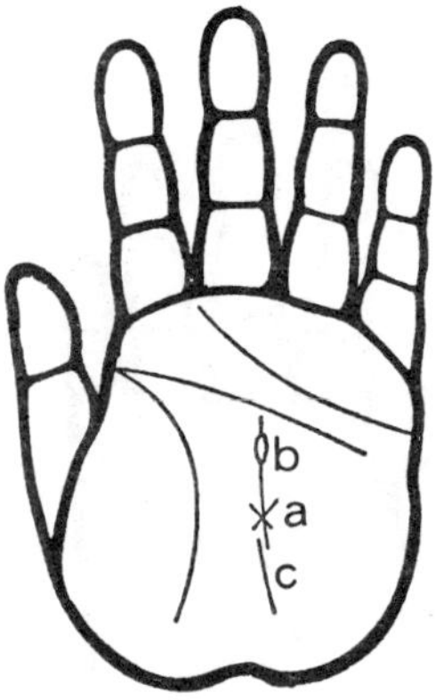

b
a
c

圖37
難以陞遷的手相

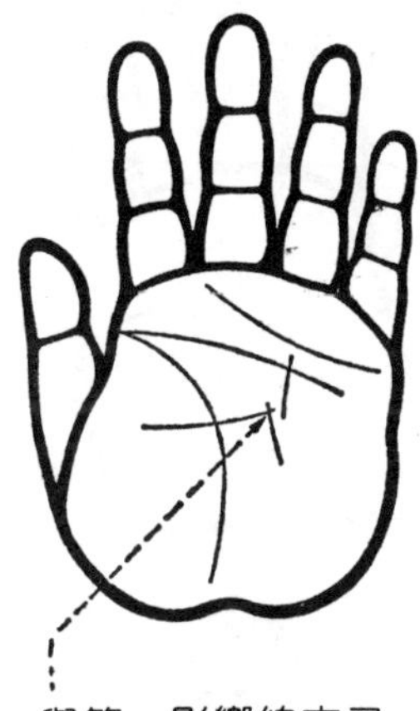

圖38
可改換工作的手相

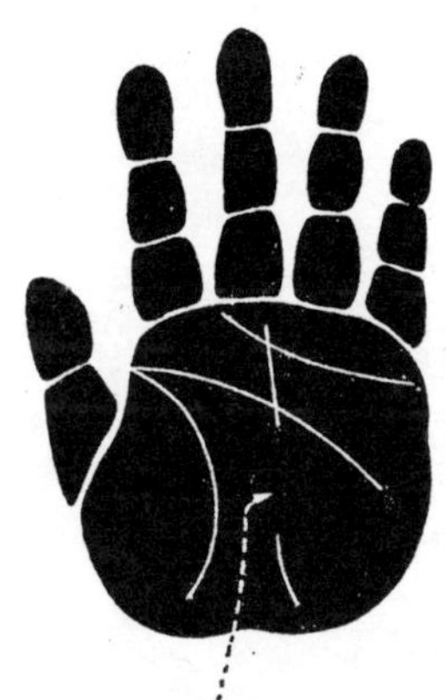

圖39
大器晚成的人的手相

②命運線呈直線，其上有十字形的線紋交叉——意味你目前有強力的競爭對手；但無論如何你還是會先勝一籌。最重要的是不要太在意競爭對手。

③命運線有如圖37的b般島型紋線時——有島型紋線的期間中，會處於停滯狀態，做任何事都不利。這時期家庭問題多，與上司也意見不合，故首要的是等待時機。

④命運線中斷——如圖37的c般中斷時，你會開始厭倦當前的工作或對工作不滿。故不妨下決心辭去工作，追求自覺有意義的志業。

若如圖38之與第一影響線交叉，再

加上命運線中斷後延伸明確，則表示改換工作反能掌握幸運。

⑤命運線在智慧線下方空白的——通常命運線是一直延伸到手腕，但有人卻如圖39般，在智慧線下方呈現一片空白。這多屬大器晚成型的人，雖然較慢飛黃騰達，但遲早會受到肯定。一般而言，這類型的人不到三十歲以後，能力不會被認可。故不必絕望，最重要的是踏實地工作以建立基礎。

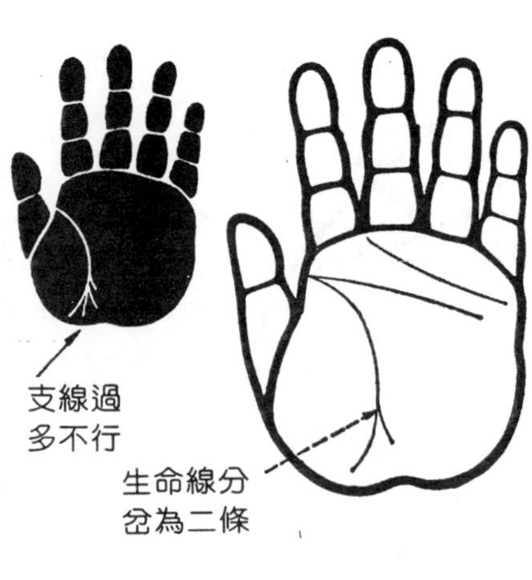

圖40　留學生的手相多如此。

占法4——有否海外之旅？

生命線尖端（手腕側）如圖40般分岔爲二條時，表示有赴海外的機會。尤其自生命線端伸展出的支線長，代表當事人全在外國過長久生活。歐洲的手相占卜如此斷言。

巴黎郊外，有個由世界各國出資設立的學生都市，叫做大學都市，專供赴法國留學的學生居留。我曾在那兒度過

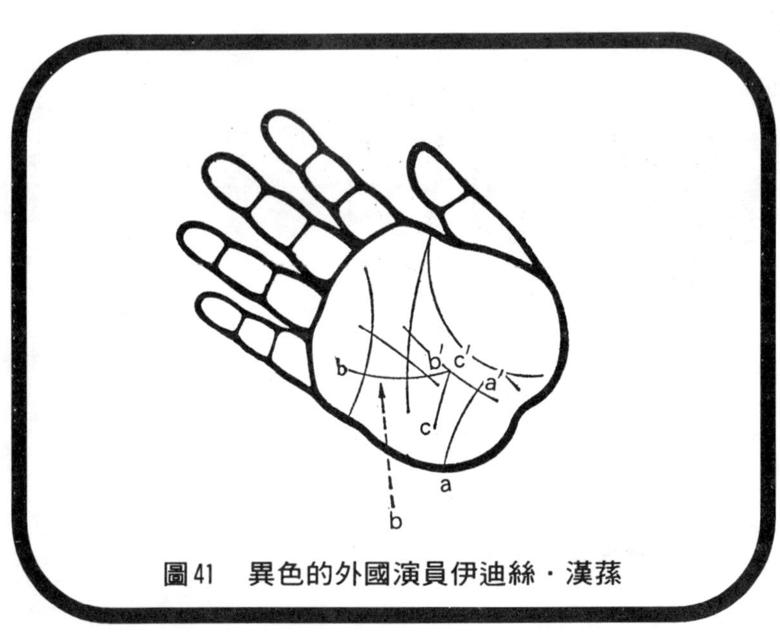

圖41　異色的外國演員伊迪絲・漢蓀

一段時間。偶爾我會看看那個大學都市的學生的手相，他們的生命線多分為二條，其中因無法畢業數年住在那都市的學生手上，就可見相當長的支線。

因此，如你手上的生命線有支線，遲早會圓滿外國旅行之夢。可是當生命線的支線不是一條，而如圖40般有數條時，你可能就無望赴海外旅行了。

這在手相占卜上屬精力消耗之形，表示對種種事物都過度投入，卻又無法如願以償，很悲哀的是，就算想赴外國旅行也不能成行。

將來自海外，而在日本電視大

活躍的外國演藝人員的手相加以比較，能發現有趣的共通點。

例如，被認爲說日語比日本人更流利的伊迪絲．漢蓀（照片⑱），或義大利歌手洛桑娜的手相，都是生命線末端分岔爲二條。

另外，伊迪絲．漢蓀或洛桑娜的手相，也出現因赴海外發展而帶來幸運的記號。圖41就是伊迪絲．漢蓀的手相。

漢蓀是一九三九年生於印度的美國人，但到了日本後才踏入演藝圈而活躍。她赴日時是一九六〇年，請看她手相命運線的a—a′。在這表示二十歲的部分（參考九十二頁），有自外側延伸而來的長長手紋，這就是旅行線，顯示赴海外發展能夠改運。接著，請看其以上部分的b—b′。可見b—b′（第二命運線）和旅行線c—c′交叉。

這意味在外國的生活中，能使不曾發揮的才能展現，從而走運。由年齡上看，則表示自二十五歲以後才會邁入這種運勢。

此外，印尼已故總統蘇卡諾的夫人，旅居巴黎的戴維夫人的手相，則相當特殊。她的第二命運延伸到無名指根部，顯示其命運強烈受到男性命運的左右；再者，金錢運十分旺盛也是其特徵。

6 手相能預報疾病

出現於生命線的異常

請觀察圖42的六幀手型。仔細看這些手型可了解其間的差異形形色色，A的手型是標準型，也最普遍。三條紋線緩緩彎曲，生命線與智慧線的開始部分成爲一條清晰的線紋。B的手相是生命線與智慧線的開始部分分離。C與A相似，但生命線的細紋多。至於C、D、E、F的手型，是生命線與智慧線的開始部分不明確，而且掌全體佈滿蜘蛛網般的微細紋路。

這六個手型均採自小學生，其中最健康，不易生病的是B手型的小孩。D爲先天性心臟畸形孩子的手相，E的孩子則罹患惡性心臟病，現正住院中。F爲罹患先天性弱智的唐氏症候群的孩子。有先天性異常的孩子或體質虛弱的孩子的手相，與普通孩子的不同，並且手紋型態也不相同。C手相的孩子體格標準，但支氣管較弱，容易感冒。

生命線部分能相當程度顯示當事人的健康，尤其能表示自胎兒到幼兒期的身體特徵。住院中的人，特別是患了結核、心臟病的人，或前曾染重病的人，不妨瞧瞧自己的手，往往都能在這部分呈現其特徵。正在療養中的你，如能藉由手相在此前的健康時期，即對健康擁有正確的知識，就能於健康快樂之際防範於未然。

我曾針對生命線的開始部分有異常者與無異常者，在幼年時代有否經歷惡病（一個月以上），調查兩者之間的比率，其結果如下：

	調查人員	有疾病經驗	無	不明
生命線開始部分異常的人	100人	58人	31人	11人
生命線開始部分無異常的人	100人	22人	64人	14人

如此這般，生命線的開始部分異常時，有疾病經驗者的比率高；生命線的開始部分無異常時，則較少有疾病的經驗。

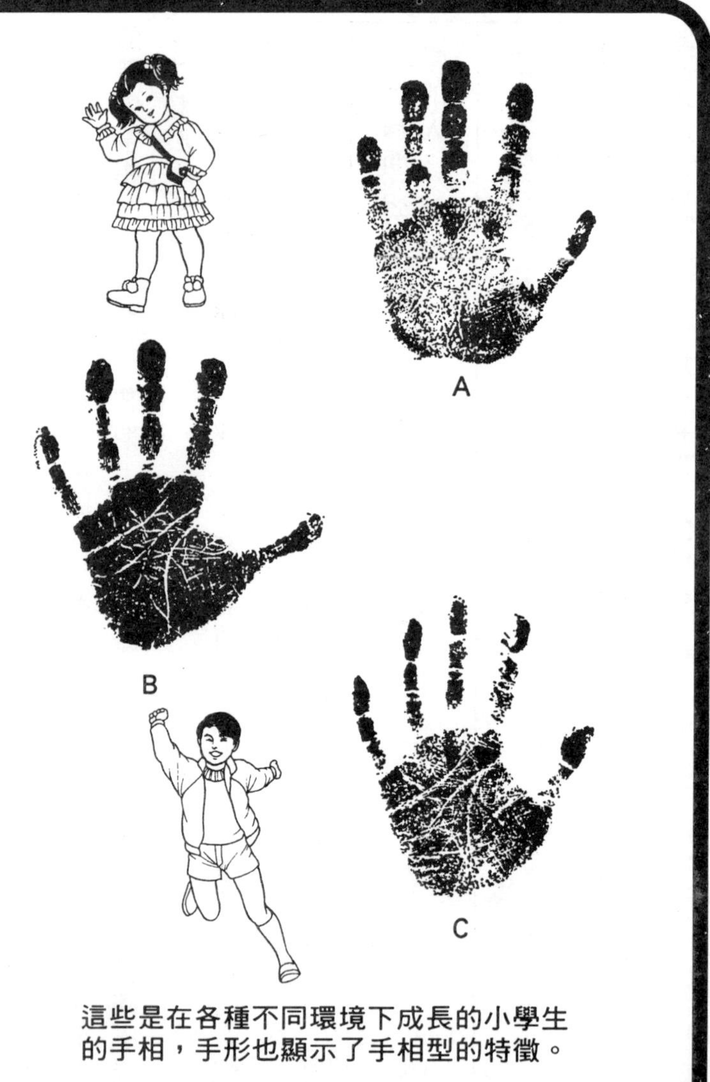

這些是在各種不同環境下成長的小學生的手相，手形也顯示了手相型的特徵。

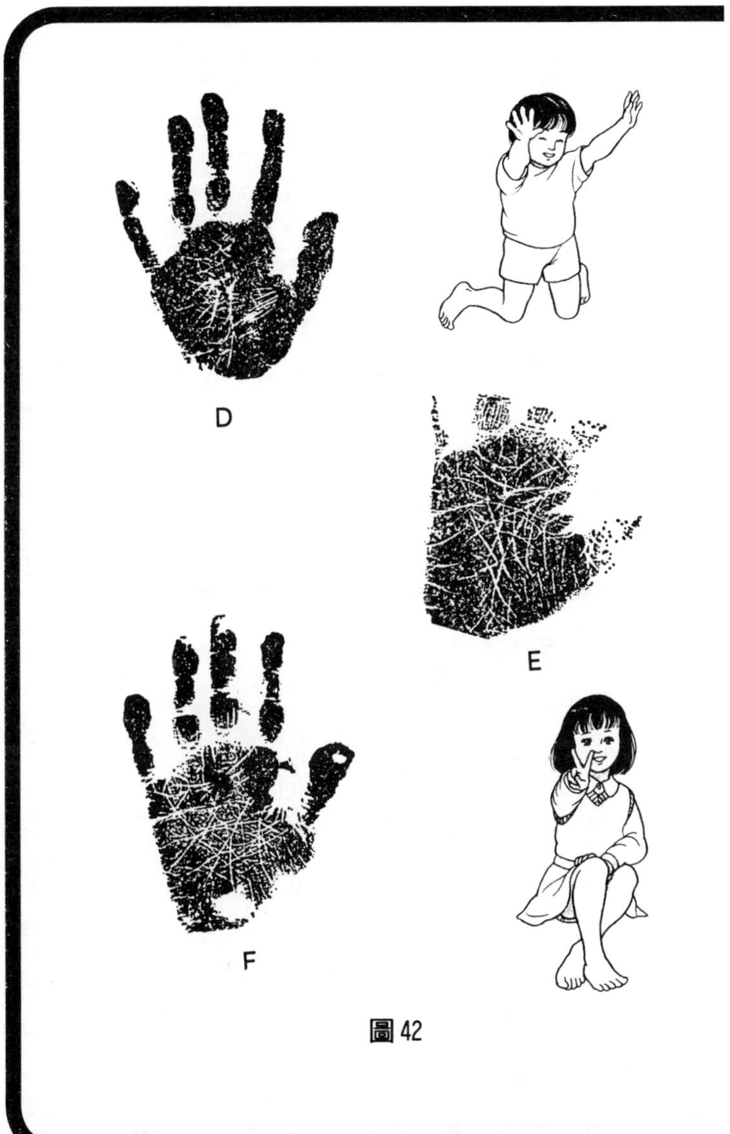

圖42

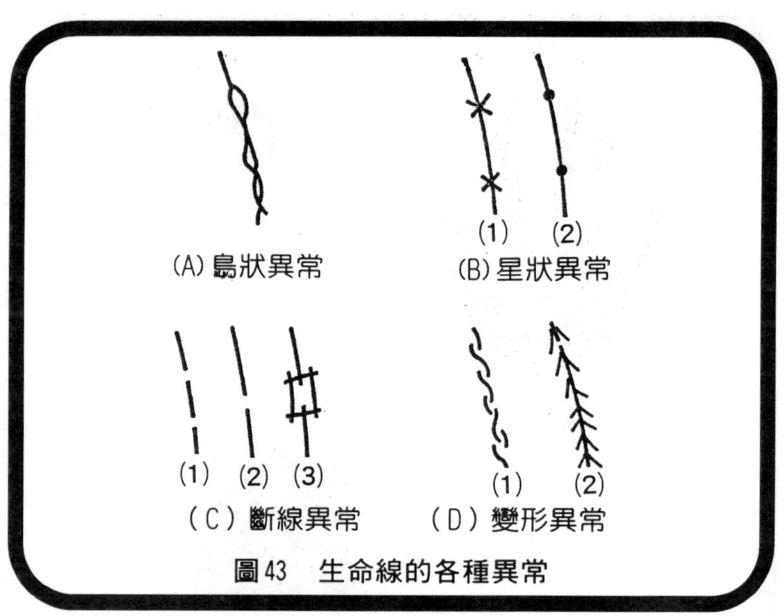

圖43　生命線的各種異常

但究竟生命線的開始部分異常，是指哪種情形呢？

調查生命線異常者的手紋特徵，可發現下述情形：

①島狀異常（圖43的(A)）紋線如島狀佈列一起，這種異常在二個以上時，有疾病經驗的比率相當高。早產兒或先天畸形兒的生命線開始部分，幾乎必然會出現這種型態的異常。另外，小兒麻痺患者的手上，也有這種異常。

②星狀異常（圖43的(B)）這種異常包括二、三條紋線與生命線呈星型交叉的(1)，或如斑點狀的(2)；多見於心臟疾病的人，唯調查仍

不是很充分。

③斷線異常（圖43的(C)）　紋線處處中斷，其中斷情形大體如圖示的三種類。結核患者多在發病前出現這型態的異常；而當病癒恢復健康時，線的斷痕也會消失。

④變形異常（圖43的(D)）　這種異常相當多見於一般人，但其意味很複雜，仍不十分清楚。異常體質，過敏體質的人尤其常見這種異常。猶如此般有疾病經驗或容易罹病者的生命線與智慧線有非常多異常。

圖44
風濕引起的手的變形

精神病與手的異常

有些疾病不但會使手紋變化，也會改變手形。尤其在風濕、小兒痲痺等疾病前後，一般均可發現手的變形。另外，先天性手的變形，也與精神病有關連。據九州大學占部文麿先生的研究，普通兒童，特別是幼兒，僅四．八二%有此特徵，但弱智兒童的手，則有二七．三%有此特徵。

此外，前述的C．沃爾夫針對精神病患者所進行的調查結果也顯示，其手形異常與手紋異常極多見。以下介紹C．沃爾夫報告中的二、三例。

⑴分裂病患者（十三人的診斷）

小指、無名指異常（變形、短小）七人。食指異常三人。智慧線異常八人。命運線異常四人。感情線異常三人。

⑵躁鬱症患者（五人的診斷）

拇指異常二人。智慧線異常五人。命運線異常五人。

⑶歇斯底里患者（二人的診斷）

二人同在感情線部分有異常。

⑷其他（八人的診斷）

拇指異常三人。小指異常三人。食指、中指異常二人。智慧線異常三人。

另在C．沃爾夫的另一報告裡也調查了三五〇人弱智兒，結果發現大部分是智慧線部分或拇指形有異常。

很顯然，在精神異常者當中，拇指形異常與智慧線異常者不在少數。

指紋的變形

除了手紋異常，手形變化外，關於疾病與指紋的變化，也有爲數衆多的研究。

對於指紋，當前是以個人識別法而一般化。但將指紋納入手相學，用作判斷性格或疾病的方法，則始於英國手相研究家N．傑昆，他是基洛的弟子。由於傑昆在指紋方面的研究，許多學者也漸漸注目疾病與指紋變化間的關係。

在諸多研究者中，最受矚目的是美國裘雷因大學醫學院教授H．卡明。同時，倫敦警察局指紋調查官R．傑利魯與醫學家合作研究的結果也發現，出現於指紋的疾病兆候，一般都顯示在左手的指紋上。

那麼，是哪種疾病容易呈現在指紋上呢？關於此點，尚無明確的研究。美國的二、三名醫學家曾進行指紋與X線照射之關係的研究。經對黑猩猩的指紋繼續給予微量X線照射的結果，有報告指出，其指紋出現新紋線，致使指紋型發生變化。但聽說這種變化在X線照射中斷數週後，會恢復原狀。

另外，前記傑利魯的報告指出，左手受到放射能障礙的醫師，其右手的指

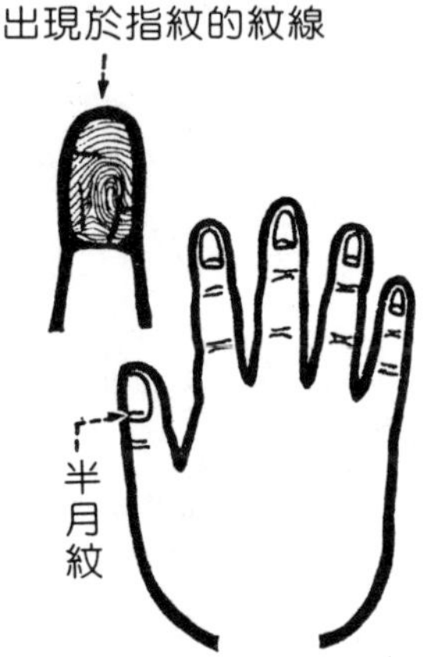

出現於指紋的紋線

半月紋

圖45
指紋的變形與半月紋

紋也會發生變化。可見指紋的變化並不是指末端的變化而已，而是全身性的某些變化的象徵。

這也顯示形成指紋的原因，與乳頭組織（組織凸起呈乳頭狀的部分）的生化學傾向和神經有密切關連。因此，如果發生會嚴重障礙全身的細胞組織與神經組織的病變時，我們身體中最敏感的指紋組織也會發生變化。

其變化如圖45所示者，屬一般性，通常是呈現指紋變化的紋線。同時，還能根據哪一指紋發生指紋異常，判知該疾病是發生於身體的任何部分。（有關解剖學上的意義，請參閱「第三章朝手相學出發」）一般而言，易出現於指紋的病種包括癌、小兒痲痺、風濕等。

指甲半月紋與身體的異常

在我們的指甲根部，多有與指甲顏色不同的半月形紋。胖型的健康人全部指甲多可見到這種紋；但血色不好、不健康的人通常不會全部出現於指甲。

美國賓州大學醫學院教授Ｊ．Ｊ．培利博士，於一九六三年針對「手」與疾病的關連進行了各種調查，並將其結果寫成『手是內科系疾病的鏡子』一書發表。

根據他的研究，由出現於指甲的半月紋或橫紋可以探知疾病，至於掌紋或掌色的變化也多半代表疾病。

可見指甲與身體現況有強烈的關係；在手中，指紋的變化最敏感於表現身體的病變。尤其最後神經與血液的狀態影響過度的神經緊張、睡眠不足、過勞等，可使半月紋全部消失或出現縱紋。

手相是身體的病歷表

瞧瞧你的手，現在你的身體是相當健康或略微不健康呢？不妨向醫師請教，若將其原因排除，你的健康狀態會否較現在更改善呢？請循下述簡單的方法檢查你的身體狀態。

針對以下九項目，如果在你的消極的手有其特徵時，請畫○，否則請畫╳

：

（　）1、生命線有前記般的異常。
（　）2、智慧線有前記般的異常。
（　）3、感情線有前記般的異常。
（　）4、食指、中指的指紋有縱線。
（　）5、小指、無名指的指紋有縱線。
（　）6、有第二生命線。
（　）7、無名指、小指的指甲沒有半月紋。
（　）8、中指、食指的指甲沒有半月紋。
（　）9、小指球有多條朝向手腕方向的紋線。

畫好○╳後，數數你畫○的數目，以如下方式判斷你的健康狀態。

如果你的○數爲：

三個以下——現在的你相當健康，沒有疾病兆候

四～七個——你大體健康，但偶爾感覺疲勞，小毛病多。

八～九個——你稍不健康，應注意體況才行。

當你的病歷表上顯示你不太健康時，到底你是身體的哪部分有病呢？憑藉手相有否判斷身體何處欠佳的方法呢？根據歐洲手相術，就手與身體的關係而言，若發現手的部分有下述異常，可判斷身體的特定部分有疾病：

拇指與拇指球——身體全體的健康狀態。

食指——肺臟、胃腸。

中指——小腸、肝臟。

無名指——腎臟、血液循環。

小指——生殖器、心臟。

至於手紋與身體的關係則如下：

生命線——主要是肺臟。

智慧線——主要是眼、耳、口、大腦。

感情線——心臟、血液循環。

誠如上述，歐美手相占卜是立足於身體各部分，與手存在著密切關係而判斷疾病，不過，其對手的區分法則與東方針灸術的「經絡」大體一致。「經絡」是對身體各部分個別傳達刺激或輸運液體的通路，而順著這通路也能傳達疾病與身體的異常，此爲東方醫學的想法。連繫身體各內臟的經絡，則都起止於手上。例如拇指相繫肺臟與胃，食指相繫肺臟與口腔，中指相繫生殖器與心臟，小指則相繫小腸與心臟。有關經絡的概念，最近東、西方的醫學家都極熱中於研究，故身體究竟有哪類通路的事實已漸被證實。

此外，針灸術上有關手的區分，也與西方醫學神經系統的區分和皮膚知覺過敏帶之海特氏區相當一致。（關於此點請參閱「第三章朝手相學出發」。）

出現於小指球和小指根部，自手掌外側朝手腕方向下垂的紋線，能敏感反映你的體況。如果你的手在此部分有許多的紋路，可判斷你是飲酒過量或用藥過多，導致體況欠佳。

如何判斷重大疾病？

以在東京女子醫大住院的二十人患者爲對象，調查他們的手，結果發現其中十九人在這部分出現很多紋線。同時，指紋出現前記之紋線異常的有十八人。又針對在另家醫院住院的急性盲腸炎患者，比照其手術前後的手相，結果發現其第二生命線的長度變短，小指根部的縱紋減少。

再針對因肺結核住院的女性，比照其住院前後的手相，結果發現其住院以前生命線有斷線異常，但住院六個月後，斷線異常卻消失了。

顯然身體的異常會以某種形式出現在手上。故認識那些異常的特徵，能夠一定程度判斷應對疾病賦與關注，以及自己身體的某部位有異常。

發現嬰兒的疾病

觀察被生嬰兒的手相，能夠判斷他易於罹患某種疾病。之前曾提及美國一些產院將新生兒的手型加以記錄，其實這並不僅僅以防範認錯孩子為目的。因為就新生兒而言，確能通過手判別相當惡性的疾病。

一般能以手相判別的疾病是唐氏症候群（蒙古性痴呆症）。罹患這種病時，通常顏面皺紋多，發育異常，而且弱智。其原因迄今未明，但被認為可能與母胎內的營養或精神衝擊有關係。

圖46
唐氏症的手相

唐氏症患者之手的特徵是，手指極短

，手相型爲F型。其與普通的F型不同處是，手紋的島狀異常十分多。有關唐氏症手相上的異常，已經經美國、英國、法國及日本的醫學家透過臨床證實。

此外，生命線與智慧線的開始部分，足以對爾後養育孩子的人提供助益甚大的育兒法。

①開始部分沒有異常又清晰——

在母胎內的發育良好，對疾病的抵抗力強。生命線型爲B型、C型者尤其如此。

②開始部分有二個以上島狀異常——

可能在母胎內的發育不太好，對疾病的抵抗力弱，故應細心注意。體質上就易罹患小兒結核、小兒麻痺。若生命線與智慧線兩者都有島型異常，發育有遲緩傾向，故宜在醫師指示下思考適切的育兒法。

③感情線斷斷續續，不成其爲紋線——

這類嬰兒多對細微的聲音很敏感，又神經質。吮乳不多，易吐乳，通常較易鬧脾氣。但沒有足以造成嚴重問題的疾病，故可考慮採取不致刺激神經的育兒法。

經常受傷的人

如圖12的智慧線，在途中中斷或折彎的人，以歐美式占法，是判屬容易受傷的人。他們所受的傷極不容易發生在普通人身上，因此，他們事後也常自忖：「我為何老是莫名其妙地受傷呢？」

我有位智慧線極端彎折的學生，他骨折、傷害等不下十數次。最嚴重的一次是小學時由校舍二樓墜落下來。

根據當時現場目擊者表示，他是在擦窗戶時宛如故意般跳落地上；而且他是從即使滑了一摔也絕對不致墜樓的地方掉下來。睽違多時，他最近又來造訪我，只見他的手吊著包紮帶，苦笑說：「我又受傷了。」

這孩子頭腦好，小學時代在班上是數一、數二的優秀學生，照理說應該不致因粗心大意而受傷。

這類型的人似乎運動神經與反射神經偶爾會產生異常，所以智慧線中斷或折彎的人容易有懼高症，或常因交通事故而犧牲。

玉之海、琴櫻為什麼常受傷？

觀察經常受傷的著名相撲力士琴櫻的手型，可發現他手相也顯示了這種特徵。其中最明顯的特色是智慧線在途中折彎。此外，命運線中心部也極端變形。

這種異常在琴櫻身上格外嚴重。我所見到的是他較早期的手型，故與最近的狀態有些差異，不過智慧線仍是在途中折彎。這可解釋爲與當事人受傷多的特徵有關係。這類型的人多半身體的上部與下肢運動神經無法平衡，所以下肢與腰部容易產生異常。

另外，身爲橫綱而想更跨躍之際，卻因盲腸炎惡化，住院時又因心臟痲痺死亡的悲運橫綱玉之海（照片㉔）的手相，也有暗示異常的紋線。玉之海的手相略圖如圖47。

從他的命運線（b－b′）上看，顯示到二十四歲左右他都一帆風順；可是在二十五、六歲的部分，則有支線（c－c′）出現，令人覺得他作爲相撲力士存在著限界。其他特徵是生命線（a－b）在a′、b′處中斷。這在關脇、大關

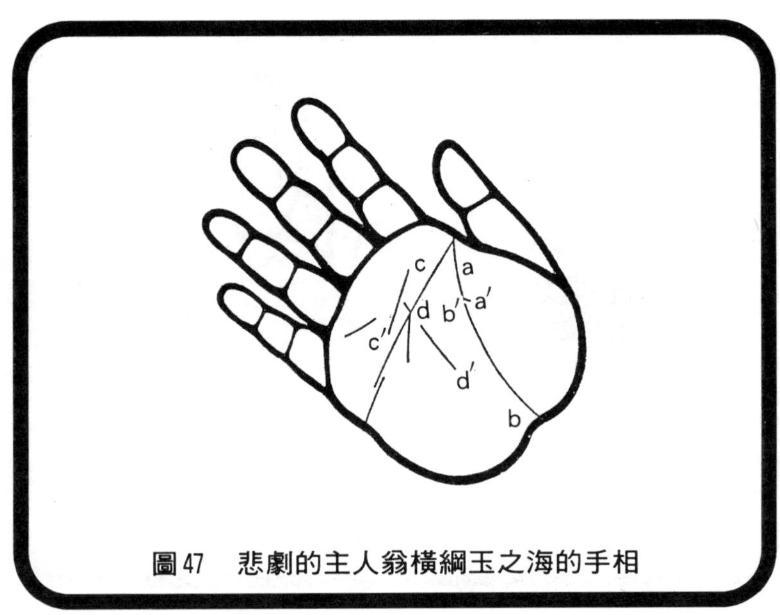

圖47　悲劇的主人翁橫綱玉之海的手相

時代，並未出現在他手上。而我曾見過的力士手型中，與玉之海、琴櫻同樣，不注意身體健康，則其力士命運將起於短促的現役力士不在少數。

不孕的原因

對於夫婦二人的手，須以下述方式觀察。

(1)婚姻線處沒有任何紋線時，常見生不出孩子的例子，若作丈夫的有此情形，則他應三思才行。

(2)雖有婚姻線，卻生不出孩子時，請看圖48所示之與婚姻線交叉的縱紋，和自感情線端朝小指根部

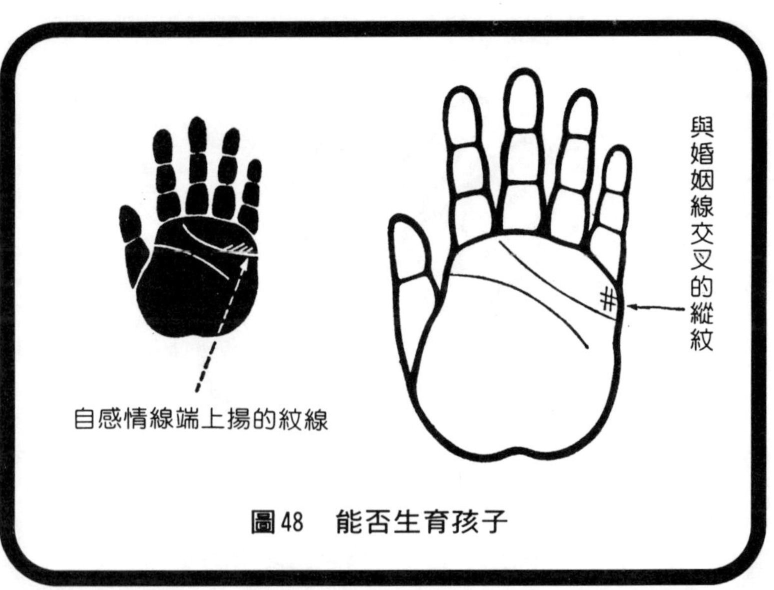

圖48　能否生育孩子

上揚的紋線。

首先，婚姻線細弱或完全沒有紋線時，表示當事人的生殖機能稍弱。尤其婚姻線附近的膚色爲紫色，或無血色而變白時，多半表示不孕的原因出在當事人的生殖器發育不良。

可是如果情況不是如此，而仍然不孕的話，可解釋爲夫婦彼此的理解不夠充分。

根據過去的占術，如圖49在手腕處有三角形狀時，代表有子孫運。

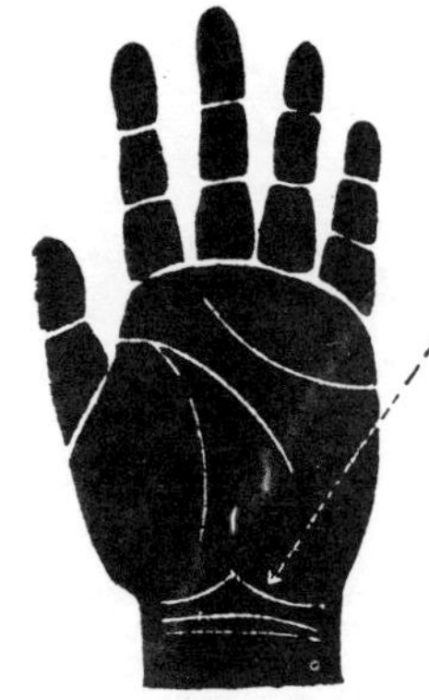

圖49
擁有孩子的紋線

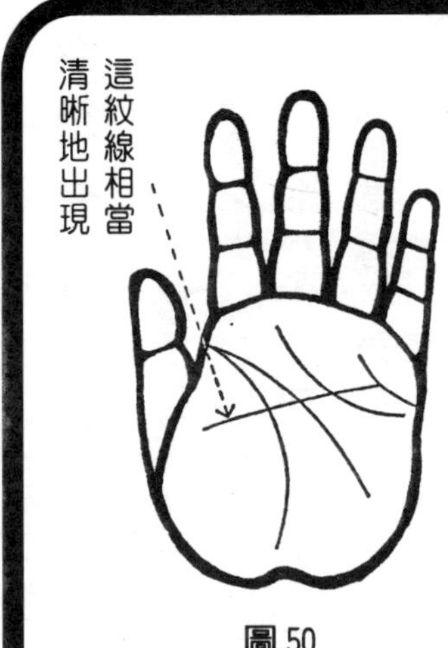

圖50
表示身體老化的紋線

會生幾個孩子？生男或生女？

手相占卜上常常根據自感情線朝向小指上揚的紋線數目，占斷孩子數。例如三條，則三個；若紋線粗，則生男；細則生女。

另在日本出版的占卜書中，載有用指頭按壓孕婦手掌中心部以占斷生男生女的方法，若感覺該處脈搏強，則生男；弱則生女。

但實際上有關生產孩子數及其性別，至當前手相的研究階段，依然不可能占斷。

從手相看身體的老化

調查八十歲前後老人的手相，會發現共通的各種特徵。其中最具特徵的是，自婚姻線末端朝拇指球呈一直線延伸的紋線（圖50）。多數到七十歲前後都會出現這紋線，當然也有人到五十歲時就出現了。

我認爲這紋線與人體的老化現象關係密切。已故的江戸川亂步先生、松永安左衛門先生、牧野富太郎先生等人的手相，均見之。

因此，若手上出現這紋線，則可判斷在精神上與肉體上已進入老年期。他方面，到七十歲時仍未出現本紋的人，在肉體上和精神上則仍相當壯碩。

7 實踐性手相看法

自何部位作何判斷？

以上介紹了分類爲性格、戀愛、職業、疾病的看手相方法。現在假設有個人在你面前，而你正要看他的手相，試問你該自何處下手？又該如何進行判斷？以下茲舉一手型爲例加以說明。

一般而言，按下述順序看手相最爲理想：

①查知手相型。
②觀查手指長度和手掌大小。
③調查婚姻線與第二影響線的長度和紋數。
④注意小指球與第二生命線的特徵。
⑤指紋、指甲、皮膚的狀態如何？
⑥生命線與智慧線開始部分有否異常？

⑦觀察命運線與第二命運線的紋線長度，以及和命運線交叉的紋線。

⑧觀察第一影響線的紋數和長度。

其次，將照片⑽所介紹的某女性的手相，按上述順序細察。

①該當事人的手相型——

手相型爲BLI型，自智慧線末端有支線長出。生命線類型爲B型，屬行動派。感情線類型爲I型，是能控制感情的人。又自感情線末端分出數條支線，所以對他人深具關懷心。智慧線型爲L型，對藝術方面深具適性。智慧線末端的支線，表示多才多藝。將以上特徵綜合判斷，可知她是生活態度活潑、對他人和藹親切的人。她也是頗典型的幻想家，常對現實生活不滿足，心中總積存著不滿。擅於控制感情，喜怒不形諸於外，所以能予人「穩健」的印象。

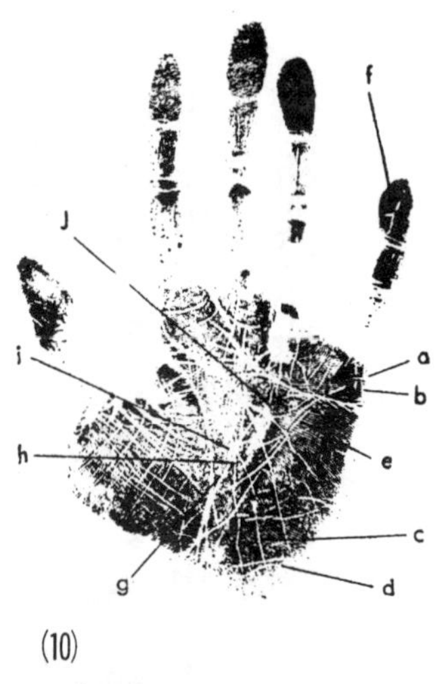

⑽

判讀手相時，針對各該部位應如何觀察呢？請測試你自己的實力。

②手指長度與手掌大小

手掌稍大，手指不太長，所以不

是高個子，而是略微矮小，中等身材。

③婚姻線與第二影響線

有一條長長的婚姻線(a)，同時有二條縱長的支線(b)，這表示對異性懷著強烈關心。再觀察第二影響線，有數條長的紋線(c)，所以是很能吸引男性的有魅力女性。

④小指球與第二生命線

從小指球有朝手腕下垂的數條紋線(d)，第二生命線也自婚姻線端延伸到生命線(e)，所以體況欠佳。

⑤指紋、指甲、皮膚

指紋的異常紋線出現於小指(f)。心臟、生殖器略顯異常，但感情線並無異常，生命線亦無異常，因此不致有重大疾病。

⑥生命線與智慧線的開始部分

完全無異常，又直直地延伸，可判斷自幼少時代就身體健康。此外，生命線為B型又異常，故能推定她或許是長女。

⑦命運線與第二命運線

先觀察手腕側的命運線。有十分明晰的紋線從生命線延伸而出(g)，但配合生命線B型一起考察，表示她自少女時代就相當奮發努力。命運線上表示二十一、二歲年齡的部分，有二條第二影響線(h)，可見她此時會結婚。

擁有這手相的女性現年二十一歲，故可判斷她目前已有意中人。不過，從有二條這點來判斷，有數名男性打動了她的芳心，只是她尚未作最終的選擇。一條的第一影響線與命運線交叉(i)，顯示她的心現在正搖擺不定。

這位女性的未來如何?

接著看看命運線上三十歲部分的情形。由於成爲極明確的一條紋線延伸到手掌中央，所以這位女性數年後可獲相當安定的生活。結婚佳期可能很接近了。但命運線在表示結婚的部位發生變化，故可能因結婚而辭掉現在的職業。第二命運線(j)非僅一條，而是有數條，並且自命運線的開始部分極其清晰地伸出，表示婚後可過幸福的生活。

不過，此中仍有問題。由於婚姻線十分發達，自婚姻線又有第二生命線延伸而出，故數月期間會有生理上的重大變化。

試占坂本九的手相（照片⑲）

緊接著來瞧瞧紅歌手坂本九先生的手相。他的左手是積極的手。手相型爲F型，三條紋線聚集一處，相當特殊。F型的明星大多長相平凡，卻極受歡迎，具有不可思議的魅力。

先來比照他的過去。

請看手腕側手掌中心的命運線。命運線並不很清晰，其開始部分與生命線並起。十幾歲就已贏得爆發性的名氣，因爲從手腕下方有明顯的紋線出現。不過，在命運線途中有二處空白。

這表示在二十四、五歲時會陷入人生的谷底，過得很不如意。一九四一年出生的他，在三十歲時就抓住了婚姻良機，但在結婚時期上方的命運線部分並不很清晰，表示婚後二、三年，會成爲坂本九先生的第二人生的重要轉捩點。可能他會以嶄新的形象出現，或在演藝界之外大大活躍。

測驗你的手相占卜技術

你的看手相技術進步了多少？不妨做做以下的測試。

如你仍未婚，請將五十、五十一頁照片⑴、⑵、⑶三幀手相的人當作你的結婚候補者，請根據手相判斷她們的性格與經歷，選擇你理想的配偶。如果你是已婚的人，請站在公司人事主任的立場，判斷這三人的性格與才能。

接著再看看一度是演員，現爲國會議員，而以異類的發言而聞名的青島幸男（照片⑤）的手相，判斷他的性格與過去。而他今後將會在演藝界方面或在政治家領域裡活躍呢？請你抱著實際看青島手相的心態，爲這位國會議員的未來占一占。

你占的結果如何？本書二三五頁載有這三位女性的經歷與當前的狀況。此外，作者對青島的占斷，則見於二三七頁。請確認你占準到何程度。

如果你的判斷都中了，那麼，你看手相的技術不錯，不必再有求於街頭手相占卜師了。不過，你的技術雖進步，卻仍無法與世上被稱爲半仙的占卜高手相媲美。在這些有名的手相占卜師中，有人能占斷你想像不到的事，並且實際上能占中。以下介紹靠著占卜使預言應驗的二、三例。

預言蘇聯貝利亞垮台的法國占卜師

占卜師的預言完全應驗的例子很多。不過，並無法客觀地判定作何程度的預言，能夠占準到何程度。唯一能解釋的，就是神秘而已。以下介紹藉占卜進行預言而實際上應驗的例子。

一九五三年四月，爲當時蘇聯總理赫魯雪夫占卜的法國占卜師C．P．托貝，預言一九五三年七月十日克里姆林宮將發生政變，結果當天真的發生了貝利亞垮台的事件。另一位法國人年輕時請人看手相，被預卜：

「你將從鷹架墜落身亡。」

此後他絕不敢接近鷹架，數十年後，他成了功成名就的實業家，竟完全忘了年輕時占卜師給他的預言，隨著他的事業愈發展，及決定在巴黎建造商店。長年來他夢寐以求的就是在巴黎開店，現在眼看要如願以償了。

他忍峻不住屈指數算完工的日子。可是由於連續下雨以及工人休假等，工程未能如期完成。他在難以忍耐中來到仍在建築中的商店，但當他一腳才踏上工地的鷹架，瞬間鷹架崩塌了，他墜落下來，年輕時手相占卜師的預言應驗了。這則故事在法國手相占卜師間輾轉流傳，一般人也對它確信不疑。

另一例是數十年前發生的事。這是本書中常提到的英國手相占卜師基洛親身經驗的有趣例子。當初它轟動一時，成爲報章媒體的熱門話題。這是他赴美國旅行的一段經歷。那位新聞記者並沒有說明那位手相的主人是誰，即突然要求他：

「請看看這手相吧！」

基洛瞥了一眼那幀照片，立即對那手的主人給予種種判斷。

「從手相看來，這人年輕時可能是虔誠的宗教家，或許是主日學校的教師，後來往科學、醫學方面發展。」

基洛一面看手相，一面對新聞記者侃侃而談。「可是……」接著他改變口吻，說明由手相所作的判斷。他宣稱，這手相的主人遲早會因犯罪被處死刑。不過，從手相上觀察，或許他能免於死刑，被改判無期徒刑。——他如此告訴新聞記者。結果他的這種話第二天被大大刊登在報紙上。因爲該手相的主人確實是不出基洛所料的人物。他是芝加哥的醫師，爲了貪得大筆金錢毒殺了自己的患者。法院判決他死刑。基洛的占斷能否應驗呢?大家都興奮地拭目以待。

在大家預期下，處刑的日子決定了。這位芝加哥醫師眼看將被送往坐上電椅。因此多數人認定基洛所言不實。可是，發生了意想不到的事。最高法院發現判決手續有瑕疵，通達中止處刑。不久後，這位芝加哥醫師重受審判。結果被宣判無期徒刑。基洛的占斷，果然中了。

中央線和巴黎的天空之下

近十年來我看過很多人的手相，也經歷了無法理解的種種不可思議的經驗。以下茲從回憶中舉出數例說明之。

一九五〇年夏天，一輛自長野剛出發的中央線正往名古屋開去，這輛夜行列車擠了滿滿的乘客。我利用大學的暑假，與二、三好友到信州旅行，正要回名古屋的父母住處。火車之旅很單調，又沒有力氣和朋友談話，只好時而攤開報紙看一看，時而摸摸鞋子打發時間。

「我來幫你們看手相吧!」

我憶起在雜誌中看到的手相占卜內容，向朋友們搭訕。可是他們只微微發笑，沒有一個人願意給我看手。而就在那時，坐我們鄰座、年約五十歲的老婦人突然說：

「學生，幫我看手相吧！」

她伸出兩隻手。這使我十分困惑。但斷然拒絕她實在失禮，只好勉爲其難以淺薄的手相知識，爲這位老婦人看手相。

「你未婚哩！」

我口沒遮攔地對這五十歲的老婦人如此說，惹得朋友們哄然大笑。意想不到的是，老婦人在那瞬間以興奮的口吻說：

「沒錯！」

她點點頭，然後開始對我們談起她起伏變化的不幸生活。

這老婦人十歲時失去雙親後，由大阪的伯母領養，十三歲時在岐阜縣的一家紡織工廠充任女工。不久後因病返回大阪的伯母家。隨後輾轉幾個地方當女傭，一度還在名古屋與長野之間來來往往當行商。

我聽聞了她的過去，再看看好似直接顯現了她的過去的複雜手相，不禁感到恐懼。「手相」能夠如此可信嗎？

五年後的一九五五年八月，我赴巴黎留學。到了八月，許多巴黎居民紛紛趁著休假，到法國南部或涼爽的阿爾卑斯山渡假。仍滯留巴黎的人都被視爲美國人或鄉巴佬。就在那美國人和鄉巴佬居多的巴黎的八月，我遇到普羅梵斯大學的同學，來自印度的留學生斯奎藍，他邀請久未謀面的我共進晚餐。

他的租屋位在巴斯底獄廣場附近，是很豪華的公寓。他介紹我認識他的未婚妻，她是位妍美的法國女孩。健康美麗、身材高䠷，是典型的法國美女。他們兩人烹調的印度料理美味可口。

餐後，我們談起當年住在尼斯的種種回憶，接著我提出看看她的手相，她歡喜地伸出雪白的手。當我看到她的手的瞬間，嚇了一跳，因爲她的手相佈滿了不吉的印記。可是我並未坦白告訴她，只是支支吾吾敷衍了幾句。當要離開那公寓時，我對斯奎藍說：

「你的未婚妻也許短命，你得好好給她幸福。」

當然我本身對自己的占斷並不是很確信，斯奎藍本身大概也不會採信吧！但二年後某一天，我接到斯奎藍的通知，她已死於心臟痳痺。

上述種種若只憑本書所介紹的手相占法，當然無法占知。

我對老婦人的占斷，或預卜法國女性的死亡，都不是依憑過去看手相的技術，而是靠著直覺，而有關這類直覺的科學根據，迄今仍不確切。

但我仍認爲手相有理性無可理解的神秘面，只是本書目的不在描述占卜的神秘性，而是試圖藉由現代科學知識，探索手相——手紋的特徵——是否蘊含特殊意義。根據前述所介紹的調查結果，從心理學上分析得到的數據，恰如針對高達六百名各職業、各年齡的男女，實際調查分類其手相型所獲致的資料。我之前的說明目的，也旨在強調那些調查結果與向來的手相判斷，有諸多一致的實例。

當然，除了探研手相的意義外，也必須通過醫學或其他科學研究解明，手紋何以能表示人格的特徵。爾後，本書將就此深入闡論。

第三章

朝手相學出發

1 手紋是如何產生的？

現代醫學的說明

前面已探索了由手相師表示的各項特徵與意義，也介紹了按照過去的手相占卜所表明的各種事項，但這一切值得信賴嗎？似乎其中仍披著神秘的面紗。在以科學的解剖刀剖析手相之謎以前，茲先來考察手紋是如何產生的。

迄今，足以解明手紋之產生的研究，仍是一片空白。

古代手相術認爲，手紋是神刻鏤在人類手上的印記，亦即手紋的特徵與天體的星星有關係。因此，手紋通常取星名爲名，而有諸如太陽線、金星線等的稱呼。但現代已不存在著將手紋與星星扯上關係的手相研究者；不過，倒有很多人認爲手紋足以支配人類的命運。

至於現代醫學如何說明手紋的形成原因呢？

C·沃爾夫認爲，手紋是由於手指的運動而產生，亦即拇指的運動產生了生命線，食指的運動產生了智慧線，中指的發達則形成了命運線的伸展，小指、無名指的動作則造成了感情線。這種說明非常容易理解、接受。

另外，英國皇家外科大學教授A．凱斯，在他的著作『Home University Library』中的『人體』（The Human Body）一書中，將掌紋的形成理由說明如下：

生命線——將拇指朝手掌方向彎曲時，會形成於拇指肌肉與其他肌肉之間的襞紋。

命運線——拇指與小指同時朝手掌內側彎曲時所出現的襞紋。

感情線與智慧線——將拇指以外的四指朝手掌內側彎曲時所出現的二條襞紋。

以上爲解剖學家及一般醫學家對手紋的形成理由所作的種種說明，其共通點是認爲手紋乃基於手指的運動而刻鏤出來者。此外，以『手的外科』知名的美國學者班奈（S.Bunnell. "Surgery of the Hand" p.31～33.）也肯定，生命線與拇指及拇指球肌肉的運動有關；感情線和智慧線，與拇指以外四隻指頭的運動有關；命運線則與小指側及拇指的動作有關。

故而謹按照手紋是由手指的運動產生此一想法，更深入探討手紋產生的原因。

只靠手指的運動能形成手相嗎？

玩過棒球的人想必都用過棒球手套。若仔細觀察使用久時的棒球套，必會發現手套中心（掌的部分）有摺紋形成。這摺紋是哪種形狀呢？與你的手紋相同嗎？其實兩者的特徵差距甚大。手紋若是由手指的運動產生，則出現於棒球套的摺紋，應與手紋的特徵相似才對。可是在棒球套上的摺紋卻如圖51般，僅集中於中央部與指頭根部而已。接下來，請觀察家庭主婦洗濯時所使用的橡皮手套。經使用數年者也會出現摺紋，但比棒球套上的多，特徵也不相同，並且在拇指根部、中指及食指根部、無名指及小指根部，各有特徵不同的摺紋。這究竟是什麼原因呢？

試比較棒球套與橡皮手套。首先，兩者材質不同。棒球套是皮製，而橡皮手套較軟性。此外，在使用棒球套時，手指的動作是除了拇指以外的各指頭並非一隻隻分開，而多是食指、中指、無名指、小指合併一起共同動作。加上接球時，球的力道也會造成許多紋路，因此與我們的手掌運動差異甚大。可是橡

圖51　出現於棒球套和橡皮手套的摺紋

皮手套比起棒球套，每隻手指的動作較多，與手掌皮膚的動作非常相似。亦即手紋似與每隻指頭的動作及皮膚的彈性有關。但應該注意的是，每一隻隻手指的動作多得橡皮手套的摺紋，卻與我們的手所產生的襞紋完全不同。

由此點看來，手紋雖與手指的動作關係密切，但仍被認爲要形成那樣的三條紋線，尙得加上各種複雜的要素。

那麼，究竟是加上了什麼要素，我們的手才變成這種模樣呢？現來比照最接近人類的猿類的手相，或能獲得某些啓示。

猿類的手相——與人類的手相有何不同？

長臂猿、黑猩猩、大猩猩、狒狒（猿的一種）與人類的手相同，也有手相與指紋，只是其間的性質有非常的差異。首先，最大的差異是與手掌呈水平的橫紋很多，並且那些紋線是位於小指側和食指側，完全沒有變化地呈一直線、此外，還缺乏在人類手相上見到的智慧線般的紋線。

看看這些猿類的手相（圖52），不覺得有些奇怪嗎？你是否發覺狐猴（猿的一種）與狒狒的手紋，和剛才所見到的棒球套上的摺紋特徵很相似？狐猴和狒狒的手，在其指根部各呈現不規則的紋路。

至於黑猩猩或大猩猩的手紋則略具規則性，比較類似橡皮手套上的摺紋。那麼，出現於棒球套和橡皮手套的摺紋，與猿類的手相類似，究竟意味著什麼？是否意味手指的運動相似？——亦即猿類手指運動不是如此複雜。尤其是否意味拇指與其他併合的四隻手指相匹配，並不適合從事較細緻的動作？

接著，稍予觀察猿類中較高等的黑猩猩的手部動作。

試將球遞給黑猩猩，牠會如圖（53左圖）般將球握住，朝手腕的方向撐住

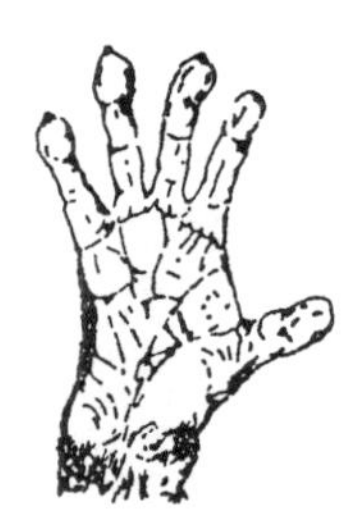

狐猴
（不規則的生命線
不規則的感情線）

狒狒
（生命線清晰
水平線及垂直線多）

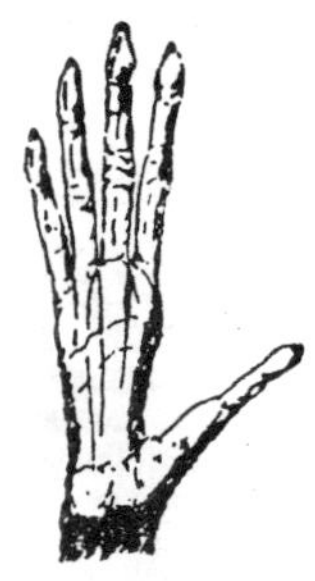

長臂猿
（生命線清晰
感情線不規則）

大猩猩
（紋線相當有規則）

黑猩猩
（只有規則的紋線）

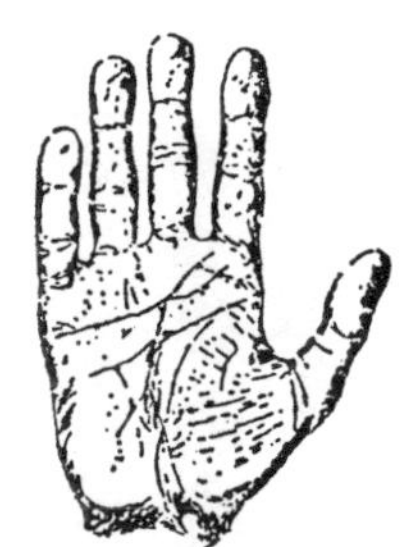

人類

圖52　各種猿類的手相與人類的手相的比較。（取材自葛萊哥利著『進化』）

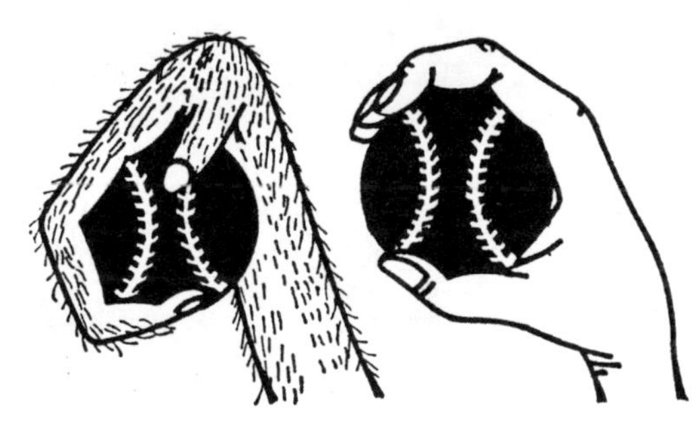

圖53　人類（右）握球的方式與黑猩猩不同

而舉起來。這就與人大異其趣了。若遞球給幼兒，他會如圖（53的右圖）般握於掌中，並用拇指支撐著。由於黑猩猩的拇指只能與其他指平行動作，故須以拇指和其他四指隆高起來才能握球。但幼兒卻能使拇指朝與四指相反的方向開放，故能以夾住的方式握物。

此外，人類小指球部分的肌肉也很發達，所以能用掌將握物支撐得很穩固。如你曾在動物園觀察黑猩猩，必會發現牠抓揑小東西時，很少如人類般使用拇指與食指、中指，而是動員四隻手指整體。

亦即當要用手指進行細膩的作

業時，黑猩猩非如人類般只使用食指、中指、拇指，而是出動全部五隻手指；並且其食指、中指、無名指、小指並不能逐一分立作個別動作，而只能合在一起動作；也因此，牠不能常常只用小指或活動食指等等，令每一手指具有個別的功能。

可見猿類的手指運動，與套上棒球套的人類的手指運動相似。所以出現於棒球套的摺紋特徵與猿類的手相類似，並非偶然。

那麼，人類的手相爲什麼刻鏤在人手上呢？先了解人類的手，特別是手指的運動，也許能尋獲一些線索。

人類的手指的運動

試將你的手以掌爲下側置於桌上，然後依序活動每一手指。順著拇指、食指、中指、無名指、小指的次序活動，就能發覺拇指、食指、中指，一隻隻個別地很靈活，可是欲單獨地活動無名指和小指，則顯然有困難。運動小指時，無名指常跟著動起來；同時，運動無名指時，小指也會跟著動起來。現在翻掌，試如方才般令每指單獨朝手掌方向彎曲。拇指和食指可毫無障礙地個別靈活運動；但中指、無名指、小指如何呢？它們並無法如食指和拇指般獨立而靈活地運動。

如前述，我們的手指運動是食指、拇指最靈活；至於中指、無名指、小指的結構，則不利於單獨的運動。

何以如此呢？

我們常自詡充分了解自己的手，實則對手的複雜結構並不如此確知。當我們愈仔細考察我們的手的構造，愈會對它的複雜嘆爲觀止。

人類與猿類的手的構造

比較人類與猿類手部X光照片，其特徵迥然相異。請特別注意食指和拇指的長度。人手的食指比小指長得多，但猿類的食指與小指幾乎等長。再觀察拇指的長度，猿類的拇指與其他四指相較，短了很多。當然，人類的拇指也是五隻手指中最短的，可是仍不似猿類般短。再審查各種猿類的拇指，可發現愈高等化，其拇指愈發達。

根據A·蒙太古的調查M.F.A. Montagu〃On the Primate Thumb〃American J.

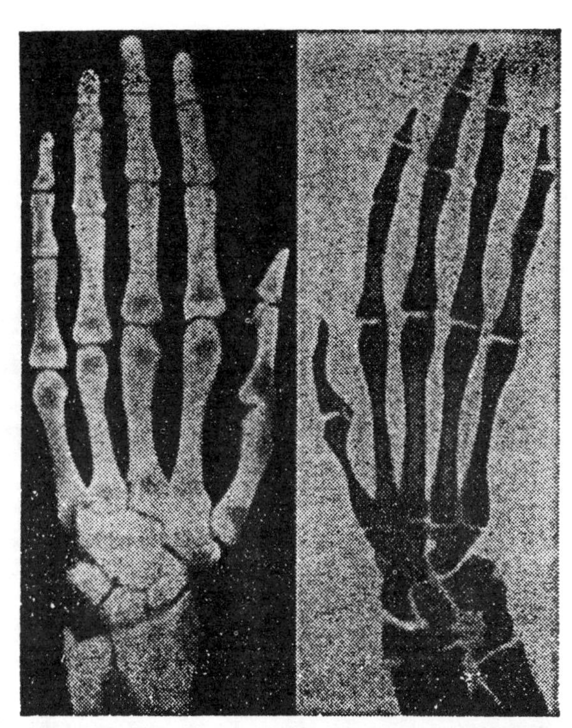

圖54　人類（左）與猿類（右）的手部骨骼

Phys. Anthrop., 15, 291~314(1931).，各種猿類及人種的拇指長與中指長的比例如下：（設中指的長度爲一〇〇）

猩猩（三〇・二）

狒狒（三五・二）

黑猩猩（三五・四）

大猩猩（三七・四）

長臂猿（四八・八）

黑人（五六）

中國人、日本人（五七・二）

英國人（五七・七）

除此之外，將猿類與人類的手骨相較，手腕骨的特徵也不同。人類的手腕骨數目，總計八個；但猿類有九個手腕骨。

其次比較手的肌肉。人類與猿類的手部肌肉比較起來差別很大。最明顯的差別是，活動拇指的肌肉。猿類拇指不似人類般有發達的肌肉，猿類中只有長臂猿擁有獨立的肌肉。但與人類相較，其肌肉仍弱得多。黑猩猩和猩猩是拇指肌肉與食指肌肉相結合，所以運動拇指時，食指也會跟著動。

圖 55
運動手指的肌肉

現在試再運動拇指以外的四隻手指的肌肉，其特徵如何呢？觀察主司彎曲手指作用的指屈肌腱、伸直手指作用的指伸肌腱，以及在手掌深層支配手指動作的蚓狀肌等的狀態，猿類的手與人類的手明顯不同。

人類四隻手指的肌肉狀態各不相同。尤其中指與食指的肌肉分化而發達。另外，小指、無名指、中指的肌肉也多半連結一起。在日本手外科學會第四屆總會上，九州大學的松井、松崎兩先生曾報告，能單獨活動小指的佔全體的一六・六％，其他人是彎曲小指時，無名指和中指會隨著彎曲。

這表示小指、無名指、中指能聯合運動，機能上食指卻與其他指獨立。在同一報告也指出，中指、無名指、小指的蚓狀肌各連結的人佔全體的八〇%以上。

至於猿類的構造如何呢？如狐猴、狒狒等普通猿類的運動肌腱不太發達；但黑猩猩、大猩猩的手則接近人類，擁有運動肌腱，但與人類的手相較，食指肌肉明顯不發達。（註）

（註）Hartman, C.G. Anatomy of the Rheusus Monkey.

打字員的手相會變嗎？

誠如上述，由構造面比較猿類的手與人類的手，兩者在拇指與食指的骨骼和肌肉構造上差異尤大。至於拇指與食指構造上的差異，對手部運動有何影響呢？諾瓦雷在『道具與人類的發展』（註）一書中表示：「人類擁有完美而靈活度令人驚異的手。」因爲運動自如的拇指與其他四指中的任何一指都能對合。

（註）Ludwig Noire. Das Werkzeug und seine Bedeutung fur die Entwickelungsgeschichte. 1880.

的確，拇指在人類的手部功能上扮演了最重要的角色。如果沒有拇指，我

	食　指	中　指	無名指	小　指
右　手	1490 (21.6%)	640 (7.2%)	996 (12.6%)	295 (1.3%)
左　手	1535 (22.9%)	1492 (18.4%)	658 (7.9%)	803 (8.2%)

（取材自拉爾夫・M・邦斯『動作與時間的研究』）

圖56　英文打字機使用手指的次數

們即無從抓、握。在社會保險上，給予喪失拇指的傷害者多額年金，理由即在於此。那麼，中指如何呢？

雖然我們不太留意中指，但中指在手部動作上，特別是從事細膩工作時，具有相當重要的功能。圖表56所示，係英文打字機使用各手指的比率，自其中可了解左右兩手均以用食指的比率居最高。故若謂在日常使用手指的工作上，以使用食指和拇指最頻繁亦不爲過。

諸如握筆時手的動作、撥電話時指頭的運動、翻閱書籍時手的狀態……等，想像起來，可舉證的例子真是不勝枚舉。

如此相較人類的手與猿類的手即瞭解，兩者在拇指與食指的運動上甚有區別。那麼，是否隨著手指的運動，人類與猿類的手相特徵也不相同呢？亦即是否以拇指和食指爲中心，分化各手指從事運動，才產生手紋呢？以下茲來觀察使用手指頻繁的按鍵員與打字員的手。如果人類的手紋，是拇指與食指進行種種運動所形成的特殊形態，則頻繁活動手指的按鍵員、打字員的手相，必會變得紋線多而複雜。

於是我調查了總計三十七名在丸之內的人壽保險公司，和銀行工作的按鍵員與打字員的手相。結果在這項調查範圍內，手的主要紋線變成數條或彎折者，不過數例而已，其中並未發現手相受到手指運動的影響。他方面也發現，未進行任何手部工作的女學生中，也有人是紋線多，並且三條主要線成爲數條。

由此考察，顯然手紋的出現並不與手指的運動有關係。如此一來，該如何解釋手紋刻鏤在手上的理由呢？到底是什麼要素在手上形成紋線呢？現將問題回溯到最根本處。此前曾立足手紋之形成係緣於手指之運動的解剖學立場，探討猿類手相與人類手相的差異。

但結論是，不宜只憑著手指運動上的歧異與之說明。因此不妨試著來思考，是否在手指運動之外存在著產手紋的其他因素？針對此問題，再將人類與猿類的手進行比較，以研判有否不同的其他特徵。

人類與猿類的大腦皮質——人手的進化與大腦

指令手指運動的部位是大腦。同時，支配身體運動的要樞，被認爲是在大腦中稱之大腦皮質的部分。這運動領域位於稱爲「Low Land 裂縫」的大溝前方，根據霍斯列（有關猿類）與賓菲特（有關人類）等學者的研究發現，這「運動領域」是對身體各部分的運動發出命令的部位；此外，他們也發現，這領域相繫有關連的各部位，而各部位則有其個別的區分。

對於身體的運動發出命令之大腦皮質的運動領域，其所強烈支配的部位，可如圖57以人類的形態加以表示。

依據該圖所示，「小指」部分意指對於「小指」的肌肉發出種種命令的部分。如今已證實在大腦皮質的這部分給予「某種刺激」，則在小指會出現運動反應。

現來看看大腦皮質的運動領域，有關手的部分非常寬廣。命令身體運動的大腦皮質中的三分之一左右，被相關手的部份佔據了。這表示手部運動與大腦密不可分。平常看來「手動作」規規矩矩的人，在頭腦中卻常使手進行如扒手

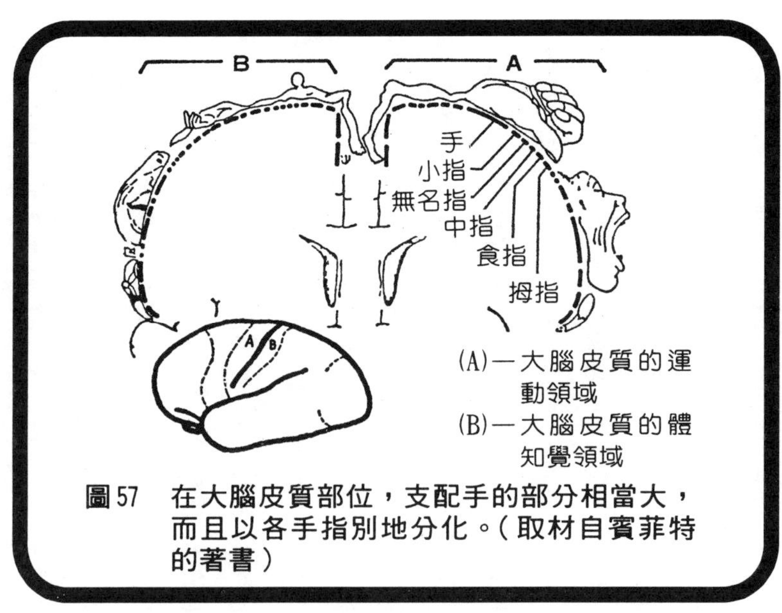

圖57　在大腦皮質部位，支配手的部分相當大，而且以各手指別地分化。(取材自賓菲特的著書)

般美妙的動作。除了運動時如此以外，在使運動趨於勻整、規制的體性感覺領域裡，如圖57的左半圖所示，手所佔據的領域亦相當大。

至於猿類的大腦皮質的運動領域又如何呢？各種猿類的運動領域的手部分，與人類的相較，顯然不像人類的大；同時，就人類的運動領域而言，拇指、食指……等等係明確地分化，但猿類則不然。

故而人類的手比猿類的手機能複雜，可解釋爲緣於其大腦皮質的運動領域充分地分化與發達。可是，此際依舊有待解的問題。以人類的大腦皮質而言，是否自原始人時代其運動領域即相當發達?或者是因爲手的機能發達後，大腦皮質才開始分化、發達呢?關於此點，很多人類學家都提出議論。不過最近一般普遍認爲，人類是一面發達手的機能，一面使大腦皮質分化。

亦即人類自古早時期就結束樹上生活，而在地上生活，所以使用手的作業較樹上生活時代更複雜，爲了製作出生活上所需要的各種東西，手指的功能乃起於分化，造成大腦皮質的發達。

相較人類與猿類的手，足以證實其進化過程歧異甚大。黑猩猩與大猩猩因長久持續樹上生活，故手的機能不太發達。

至於很早就停止樹上生活，到地面上生活的人類，其之能夠直立步行，對於手部機能的進化實有莫大助益。以此方式過地上生活的人類，誠如華田著『人類行動的進化』(創元社）中西章譯。所言：「手從步行的機能被解放出來，手愈朝便於手指頭作業的方向變形。」與此相反，持續過樹上生活的黑猩猩和大猩猩，其手的進化則起於停頓。

然而此種說法依舊無法闡明手的進化，亦即人手的特殊化，係造成人類與猿類手相不同的原因。站在個體發生會反覆系統發生的想法而言，可依靠人手的進化過程，諸如在胎兒時期，手是如何發生以及手的機能是如何發達等，加以推測。故接著將自手的發生學、發達心理學等方面再深入探索。

手如何發生？其機能如何發達？

在母胎內，當胎兒一、二個月大時，其手即開始成形。當時手的大小約爲身體的八分之一，但手臂、手、指仍不能明確區分。手比足更早形成，這點格外引人矚目。查看圖58即知，手的末端呈現五個溝，不久該部分急速發育，自身體的中心部突出。到了二個月大的胎兒，拇指部分會比其他部分急劇發達，然後與其他指分離，骨格與形態亦隨之更加完整（註）。不久後，其他四指的指形漸漸完整，到七～八個月大時，神經與肌肉更加發達，手相上的三條主要紋線開始形成。尤以生命線的出現爲最大特徵。（圖59）

（註）Arey: Development Anatomy Patten; Human Embryology.

到新生兒期，手的形態與機能將更發達。出生後未及二十分鐘，開始有意圖舔指頭或將手和臂抬往頭部方向的動作。這或許是胎兒在母胎中所獲得的本能性動作。類如此般，初生的孩子的手部動作，以試圖抬往頭部方向的動作爲

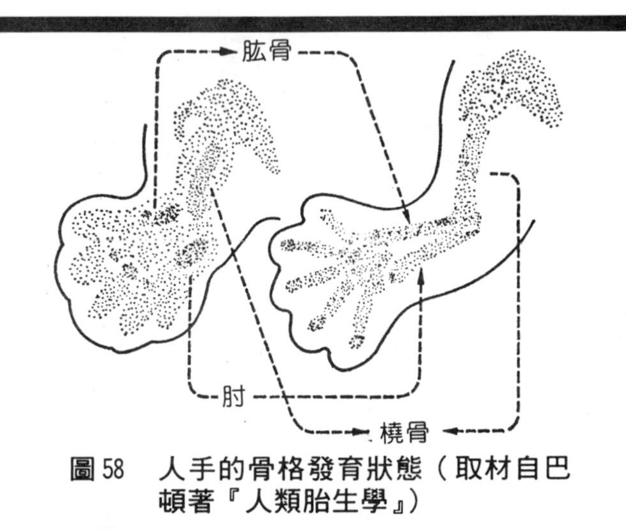

圖58　人手的骨格發育狀態（取材自巴頓著『人類胎生學』）

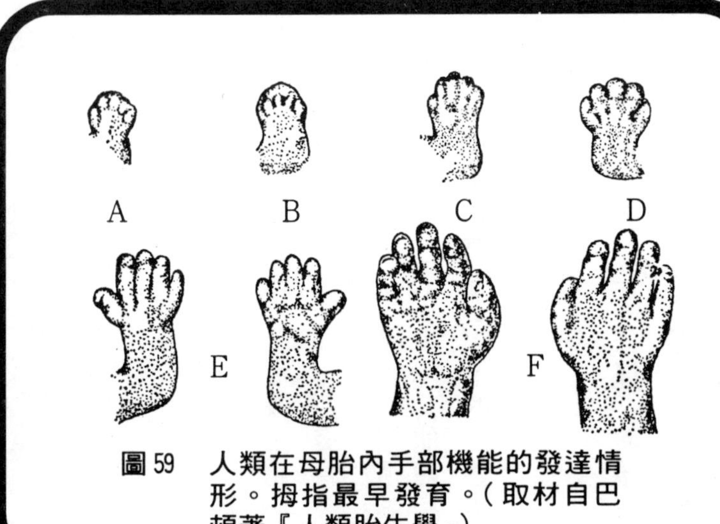

圖59　人類在母胎內手部機能的發達情形。拇指最早發育。（取材自巴頓著『人類胎生學』）

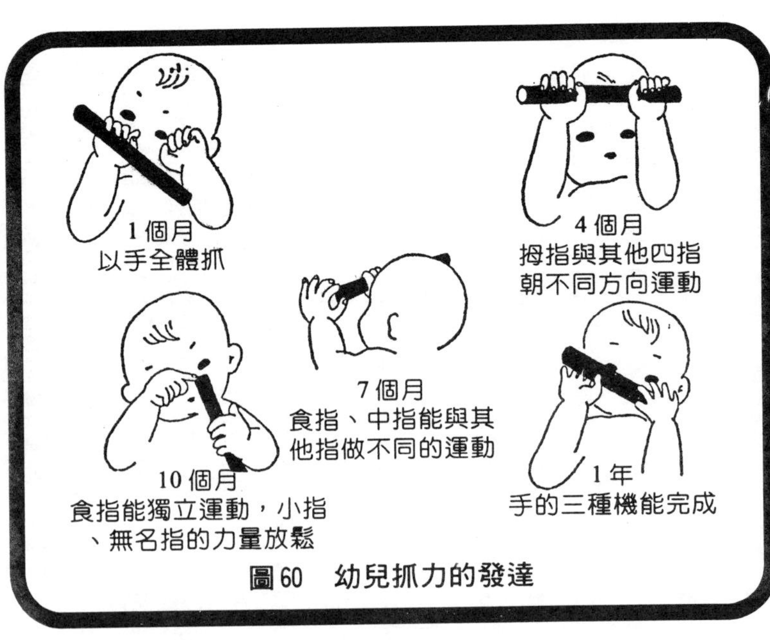

圖60　幼兒抓力的發達

中心。當然，這些動作，與其說是有意識的，毋寧說是反射的、無意識的。但隨著視力的發達，以手為中心的動作將成為意識性的。美國一位學者曾將幼兒手部機能的發達情形拍成影片。（註）

（註）H. M. Halverson:An Experimental Study of Prehension in Infants.

根據該調查幼兒手部機能發達過程的影片可知，幼兒隨著視力的發達，會凝視刺激物，但仍不會做出運動。不久後，才會將手伸向刺激的方向，這種運動會持續一段期間。接下來，為了掌握該刺激物，幼兒如何運動手與指呢？這大體如

圖60所示，必須經過三個階段。最初，只能靠手和掌全體如覆蓋般抓物，但不久後能將拇指朝向不同方向，學術上稱此動作爲「拇指對向」。這是手部機能最初又最重要的功能。拇指能朝不同方向運動，就愈容易掌握東西。第二階段是食指與中指一起朝向與其他指不同的方向運動，亦即這二隻手指與其他指分化而運動，這對幼兒的手部運動而言，是一大進步。故此才能使用拇指與這二指「抓」物，但至此依然無法隨心所欲地抓物。

不久後，中指會發達。過去它只能和食指一起動作，到此階段則已能獨立活動。與此並行，過去必須使力的小指、無名指也能將力量放鬆，而自由活動。這是第三階段。

幼兒從一歲到五歲應能如此般地發達這三項機能。

關於這種運動的研究林林總總，其中兒童心理學者哈洛克認爲，能實踐如下手部運動，才是各階段年齡的理想狀態。（註）

（註）B. Hurlock: Child Development.

一歲——握鉛筆。能將被戴在頭上的紙製帽子脫下。

二歲——開盒子。可拔掉瓶子木栓。翻書頁、能堆四～五個積木。能在香皂上插入鐵釘。

三歲——能自理身邊的動作如脫衣、進餐等。可模仿手冊堆疊積木。

四歲～五歲——能將六英吋的正方形紙張對摺成三角形。能繪出四角形。可描繪辨認得出是人類的圖樣。會使用剪刀。

根據以上的研究可知，一歲的幼兒能將戴在頭上的紙帽子取下或握鉛筆，這正表示拇指與食指、中指的發達。但由依然無法取下普通的布製帽子或用鉛筆畫畫，即可了解手指的運動仍未統合。當我們脫帽或用鉛筆畫畫時，必須使拇指的運動及支撐拇指的中指的功能，與決定運動方向的食指功能分化。

一歲幼兒的拇指運動雖已分化，但食指、中指的功能卻未完全分化。亦即，食指、中指只能一起運動，故只能抓一個、而且不是凹凸太多的物品。可是自二歲到五歲間，幼兒則獲得了三種機能，並將之由手的動作展現出來。至於能隨心所欲操作這些機能，則是五歲以後的事。到這年齡，幼兒即能繪圖或作剪紙遊戲，這就證實了手部功能的發達。

由上述想必大家已能理解，我們的手有性質非常不同的三種機能同時成長。但不能遺忘的是，自幼兒至少年期間新生的另一種新機能，即小指球——當我們書寫時，掌上最密接桌子的部分——的發達。觀察成人的手部運動可發現，利用這部分的動作相當多。

誠然，支撐、捏等小而複雜的動作，憑手指即可遂行，但大的手部運動，如旋轉、扭動，或改變運動方向，或以前後左右作操縱桿的動作，則均得由小指球部分和拇指球部分進行。至於其力量的中心，即小指球。敏捷快速操作自行車和汽車的方向盤時，這部分會成爲力的支點。所以拇指、食指、中指的部分無論多麼發達，若這部分的機能未發達，統制即非常困難。例如寫字時，這部分缺乏力量，則寫出來的字即不能規則化。那麼，成人的這部分機能爲何發達呢？請看一九三頁（圖54的左圖）的成人手部X光照片（註），再將它與圖61的幼兒的手加以比較。

（註）Luella Cole:Psychology of Adolescence.

值得留意的是，掌的小指球部分與拇指球部分的骨骼，差異很明顯。這項骨骼上的差異，正可說明幼兒手部運動與成人手部運動大不相同。至於黑猩猩與猩猩等動物的這部分，則並不發達。

我們的手就這樣產生了這四種機能，再依此機能遂行複雜的作業。

生命線、智慧線、感情線在母胎內形成

此處應留意的是，雖然手指未運動之前，手紋已經呈現，但手的主要線卻是上述那些部分的外形顯露。誠如W．瓊斯在『由手所見的解剖學』中所言，十八週大的胎兒的感情線、生命線、智慧線，已可明確加以辨識。

我曾在名古屋大學醫學院觀察過早產兒的手相，也確認六～七個月大的胎兒，會出現紋線有規則的手相。再者，根據前述美國發生學研究者巴頓的著作，由胎兒的發達圖可推知，手的主要紋線係以如下順序固定化：

(1)手上出現不規則的襞紋。

(2)生命線與感情線清晰化

(3)三條主要紋線固定化。

手相的主要紋線多半以生命線為第一，次為感情線，再次為智慧線的順序，逐

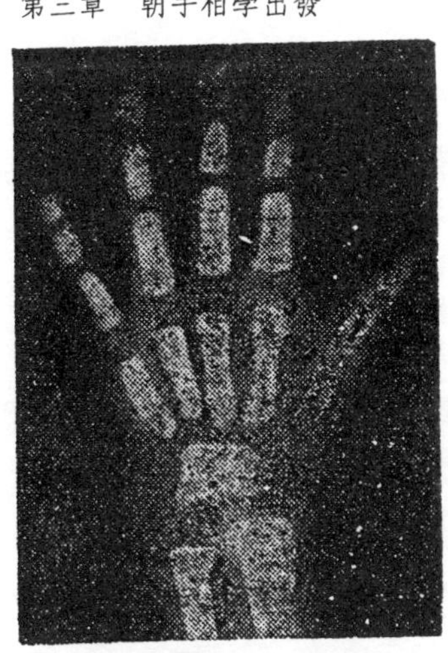

圖61
幼兒手部的Ｘ光照片

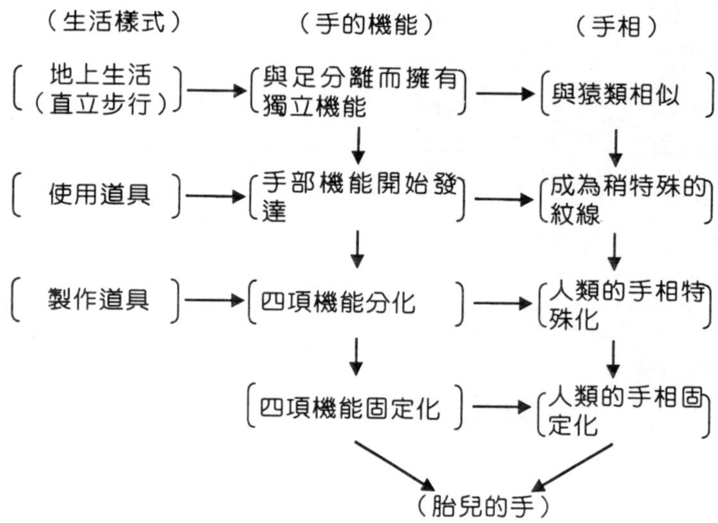

圖 62　人類的進化與手相形的變化。

一明確化。

諸如此般，手相的三條主要線是在母胎中完成。同時，由胎兒至幼兒，再至成人的發展過程中，手上所出現的這種機能與手的主要線，正代表了人類手部的進化過程。亦即人類的手與猿類的手根本不同處，在於這四種機能的分化。

也因此，人類手相之所以特殊化，而與猿類手相有所差異，被認爲是出於這種手部機能的分化。此事亦可解釋爲由於隨食指、中指所刻鏤的紋線，與隨無名指、小指所刻鏤的紋線，有性質上的不同，才不致成爲如猿類手相般單純的紋線。然後，這種手指運動經數千年歲月，終於固定成為人手的一般傾向，形成如今日般的生命線、智慧線、感情線等三條主要線。人類手部機能與手相形的特殊化能圖式化，如表62所示。

所以較妥當的解釋應是，人類的手相係隨著手部機能的分化，而產生種種變化和特殊化。可謂到特殊化之前，手紋是根據手指的運動而變化，但今日人類的手相形已某程度固定化，因此無論多頻繁地運動手指，也不會再形成紋線。其情形恰如耳、鼻的形狀已成為人類固定的形態般，手相也在與手指的運動無關之下，於母胎中形成代表人類特徵的模式。

就人類的手相而言，雖具一般性的傾向，但仍會因個人差異而變形，猶如人類的鼻子會隨人之不同而有其不同的特徵，甚至有些場合會發生畸形。接著，探索手相是經何過程被刻鏤在胎兒手上?在哪種場合手相會變形?

手相會否遺傳?——中村明子一家人和花生姊妹的手相

關於手相與遺傳的關連，在歐美也有種種研究。有報告指出，手相雖非一〇〇%遺傳性，但B型手相與F型手相的遺傳率卻很高。請將照片⑳中村明子

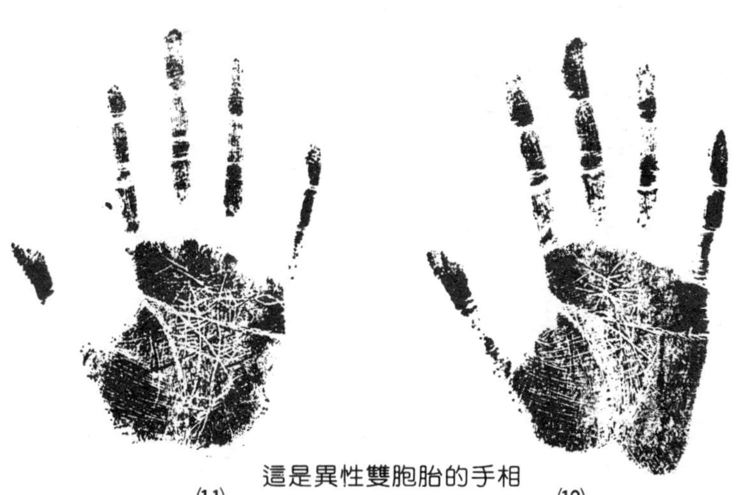

⑾ 這是異性雙胞胎的手相。請與花生姊妹（照片）比較。 ⑿

和她女兒堪娜的手相互比。F型的明子的特色概由她的女兒所繼承，兩人的手大小、紋線都很相似。堪娜的父親作曲家神津善行也擁有F型的手相。

再來看看雙胞胎的手相。照片⑾、⑿是異卵雙胞胎的手相。雙胞胎的手相形未必相同，尤以智慧線、感情線和指根部的紋線特徵，更是差距明顯。相較⑾與⑿可發現，⑾在感情線上部的紋線較多；另外，兩者智慧線的長度與紋線特徵亦不相同。

接著看看同卵雙胞胎的情形。一般認爲遺傳因子可使同卵雙胞胎的手相有較多類似的部分，但實際上不然。

試先來比較以雙生歌手而聞名的花

生姊妹的右手手相（照片㉑）。二人的生命線型均爲F型，智慧線型爲O型，但在第二生命線、命運線、第二命運線上，無論就長度或形態而言，都大異其趣。再來比較左手。生命線是F型，但尤美的智慧線爲L型。至於第二生命線、命運線、第二命運線也與右手相同，其特徵有相當明顯的差異。特別是，感情線、第二感情線、婚姻線等的長度和樣狀也不相同。我曾觀察過四組同卵雙生兒和四組異卵雙生兒，結果發現很少相同的手相，當然其中也不乏相似的手相，然其整體特徵依舊非常大。不過，在同一觀察中也發現，生命線與智慧線的開始部分及感情線的開始部分的特徵，幾乎相同。（請觀察雙胞胎感情線、智慧線、生命線的開始部分）

綜上所述，可謂遺傳性要素幾乎對手相沒有影響。那麼，是何者決定了手相形呢？有人認爲是母胎內的條件。故而就此探討手相形是否實際上受到母胎內條件的影響？

母胎內的條件如何影響手相？

請參見一六四頁的略圖（圖46）。首先，全體紋線異常者多，感情線水平橫越手掌形成F型。一如前述，類此手相多見於所謂唐氏症候群（蒙古性癡呆症）的弱智兒手上。根據美國謝佛教授所言，唐氏症候群的手，拇指與小指同樣短小，有其特有的手相形。

當前，據其手相特徵診斷早產兒唐氏症候群的方法，已受到相當肯定。至於有關唐氏症候群發生的原因，雖不乏其人做過種種研究，但根據名古屋大學勝沼博士的看法是，肇因於缺乏維他命與鐵劑。

另外，大阪市立大學中脩三教授也曾介紹波士頓學者佛茉蒙特和賓達的報告，說：「懷孕到第七、八個月時，缺氧所引起。」僅管對唐氏症候群的原因，仍未見充分的研究，但J．巴斯基『手的畸形及其外科處置』與前記謝佛『新生兒的疾病』等書中，均將母胎內的營養、母胎受到的精神衝擊列為主因，所以這也成了一般的認定。

迄今已發現，就手紋在母胎內形成的場合而言，母胎內的條件在唐氏症候群手相的變形上會產生重大影響。亦即決定手的主要線特徵的，與其說是遺傳，毋寧說是母胎內的條件，尤其是手形成的第七、八個月以前之胎兒的條件。

此處謹來歸納手相被刻鏤在手上的原因。形成人類手相——即生命線、智慧線、感情線這三條紋線——的傾向，係於人類停止樹上生活，促使手的機能發達、分化的過程中固定化的。後來，這傾向成爲遺傳的要因被人類所繼承；不過，當這傾向實際呈現於紋線的途中，會隨個人發生種種變化。而對此紋線的變化有影響的，就是母胎內的條件。所以縱使自雙親繼承相同遺傳要素——形成手相的傾向也相同——的同卵雙胞胎，若母胎內的條件不是完全相同，可能仍無法成爲具有相同特徵的紋線。

一般總以爲雙胞胎的母胎內條件是相同的，其實並不然。尤其給予胎兒營養的羊水中離子的變化，個別在胎內的位置上的差異，均可能給予雙胞胎個別的營養。當然，就雙胞胎而言，這些條件相當類似，因此誠如前述二一〇頁的照片⑾、⑿所示，其手相特徵比親子、兄弟更爲類似。同時，雖然受到諸如母胎內條件的影響，但一如前述，手的四個部分仍會發育，並於其各部分刻鏤紋線。現將此四個手的區分，按手部機能發達的順序、手的神經及肌肉骨骼的特徵加以區隔如圖63所示。

首先，因①的部分發達，形成生命線；其次因②的部分發達，形成智慧線；又因③的部分發達，形成感情線。至於④的部分，猶如前述，是發育較慢，

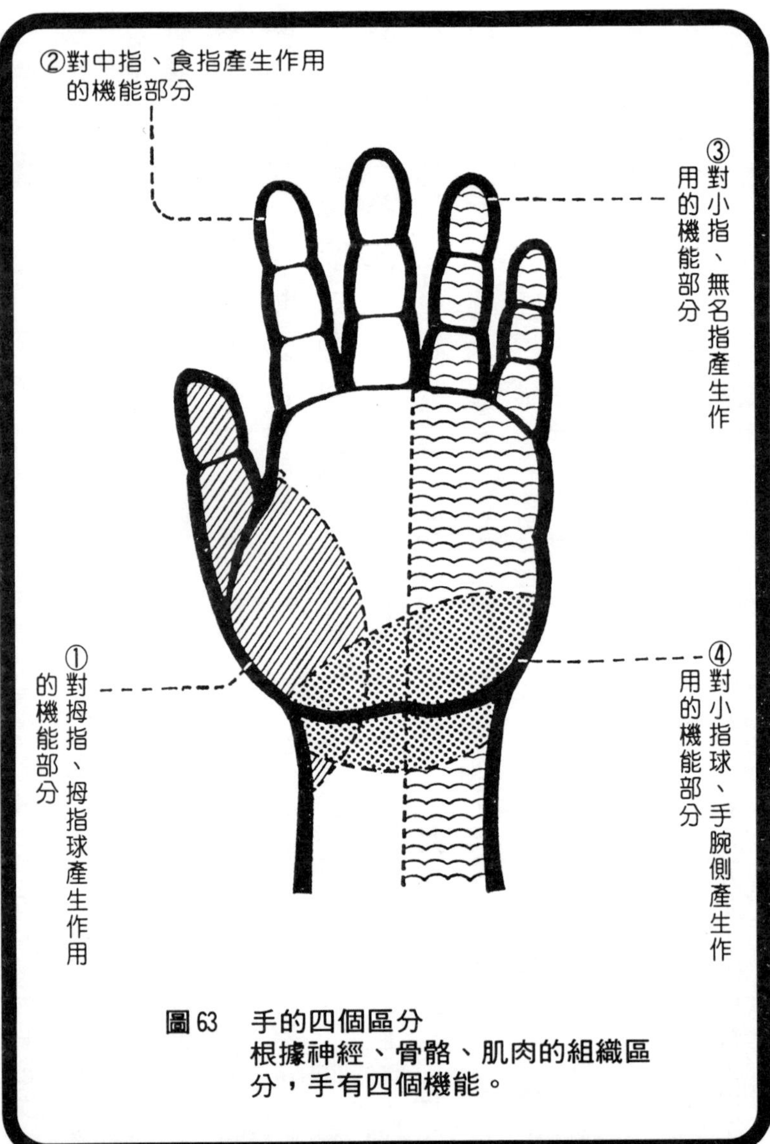

圖63　手的四個區分
根據神經、骨骼、肌肉的組織區分，手有四個機能。

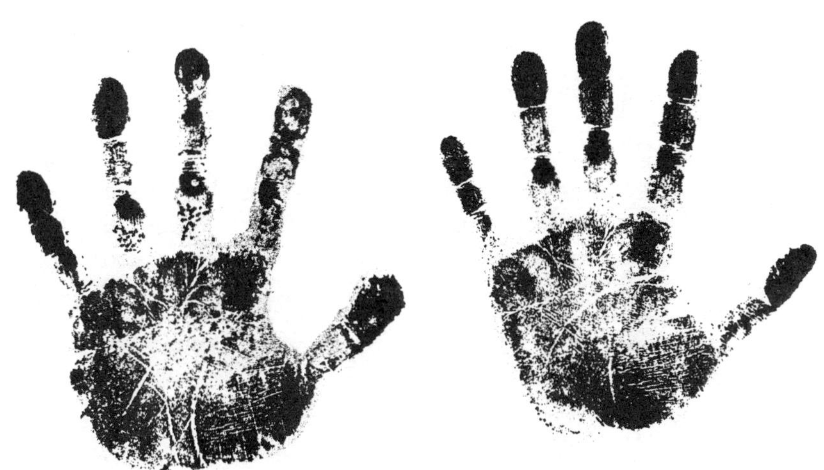

⒀　手相會變化！這是一位少年八歲（13）時和十歲（14）時的手相。　⒁

必須待幼兒至青年期才會發達的部分，故代表該部分特徵的紋線，在胎兒時仍不會呈現。但出生後隨著④的機能之發達，當手的四個部分趨於平衡，掌中心部就會出現條紋，成爲命運線。

短期間會變化的紋線

三條主要紋線係與生俱有者，不太發生變化，但其他掌紋卻相當會變化。前述的命運線、第一影響線、第二影響線、第二命運線、第二生命線等均屬之。

在較短期間所發生的手相變化，一般都認爲出現於小指球與小指、無名指的下方。但數年後或數十年後的相當長的期間，才會發生的手相變化，則是出現於別的部位。

照片⒀、⒁，是同一位少年的手相，⒀爲八歲時、⒁爲十歲時所拍攝。三條主要紋線的特徵幾乎沒有變化，但命運線與感情線的支線卻出現了變化。其中最大的差別在手腕側。八歲時可見的長紋到十歲時消失了。

原爲義大利歌手，目前旅居英國而以女性手相研究家知名的L．康頓女士，曾針對孩子手相的變化進行研究，根據她的報告，仍以命運線的長度會延長爲特徵。

茲將上述摘要如下。一般而言，短期間的手相變化，多見於小指球與小指、無名指下方，或拇指球；長期間的變化，則多見於命運線。

同時就幼年期而言，該時期的變化最容易出現於命運線的手腕側。

長期間會變化的紋線——江戶川亂步先生的手相

那麼，經數十年長期間的手相變化又如何呢？首先，請參見圖64江戶川亂步的兩幀手部照片。右圖拍攝於一九二七年，左圖則攝於一九六二年。試比較

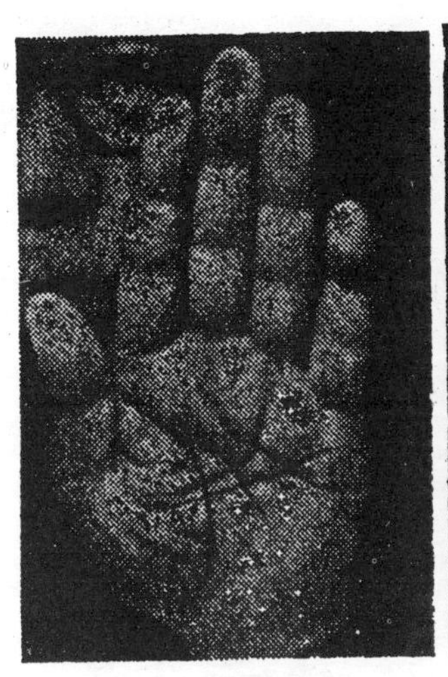
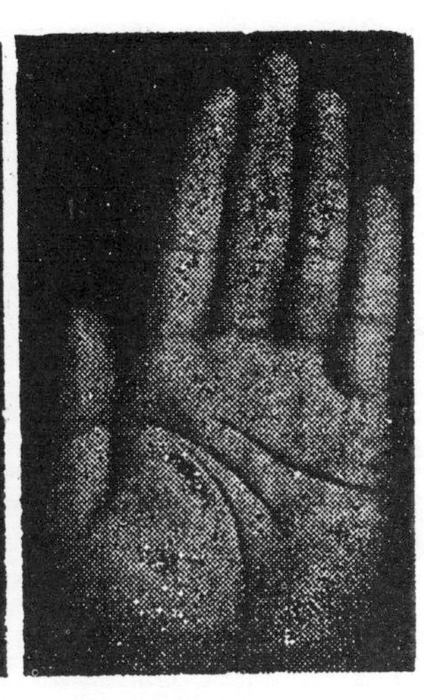

圖64　推理作家江戶川亂步的手相
左圖攝於 1962 年，右圖攝於 1927 年。

一下這兩幅手相。

(1)三條主要線沒有變化。

(2)命運線——特別是在智慧線與感情線間的變化多。

例如，四十五年前較短的命運線延長了。

(3)第二命運線比四十五年前更清晰。

(4)第二生命線的特徵不同。

(5)在最近的照片上出現了自結婚線延長到拇指球的紋線。

骨格的發達與命運線的變化

爲什麼我們手中會出現這些容易變化的紋線呢？有人認爲是手掌

圖65　手的骨骼發育順序

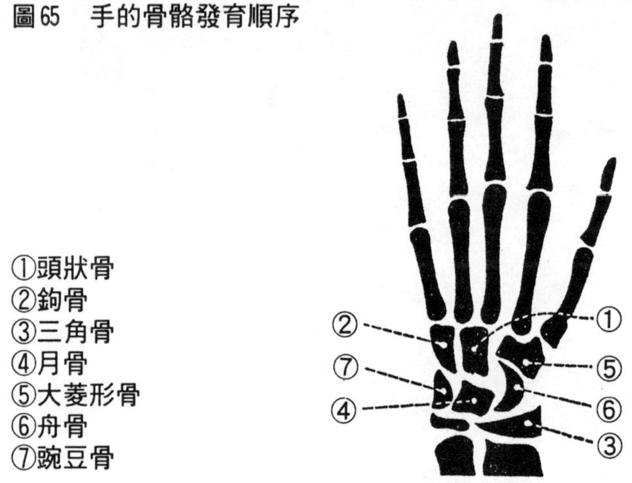

①頭狀骨
②鉤骨
③三角骨
④月骨
⑤大菱形骨
⑥舟骨
⑦豌豆骨

表皮下的組織隨身體的發育或病變而變化。在這些變化中，特別顯著的是手骨骼的發達。圖65所示，爲骨骼發達的順序。依據此圖能了解，骨骼係按固定順序而發育。又根據最近的研究，骨骼的發育如下：（註）

1、頭狀骨（四〇天～八個月）
2、鉤骨（五〇天～十個月）
3、三角骨（二年～四年）
4、月骨（三年～四年）
5、大菱形骨（四年～五年）
6、舟骨（五年）
7、豌豆骨（九年～十五年）

（註）Greulich, W. W., and S. Idellpyle:

Radiographic Atlas of skeletal Development of the Hand and Wrist, Stanford Univ.1950.

由上述可知，掌部分的手骨格會隨年齡而變化。値得矚目的是，命運線之完全發達，一般是在九歲左右，而剛好就在此時期，手腕的這些骨也完全發育。故而命運線對我們的身體發育有密切關係。同時，手骨格的發育也會深遠地影響當事人的健康狀態。例如缺乏維他命D、營養失調時，發育會較犀緩；有結核、小兒麻痺、熱性病等時，手骨格會變形。故可謂這些身體的變化，會透過手掌的紋線表示其特徵。

至於手的一切骨骼的完全發育，是在三十歲前後；同時，掌紋也是在三十歲前後變化較激烈；其以後變化較少，並且呈現變化的部位也不同。

那些手紋與骨骼有何實際的關連呢？試來觀察手的X光照片和手紋的關係。二二〇頁的照片，是我本人左右的手相（下）與X光攝影的骨骼照片（上）。先來比較左右的手紋。左右手紋非常相似，但手腕部分明顯有別。從這幀照片看不出來，實則我的左手有長長的命運線，右手則無。又，左手生命線在手腕部分分岔爲數條，右手則維持一條，不見其他任何紋。

理解了上述的特徵後，再來看看手的骨骼。比較左右手的頭狀骨，左手的

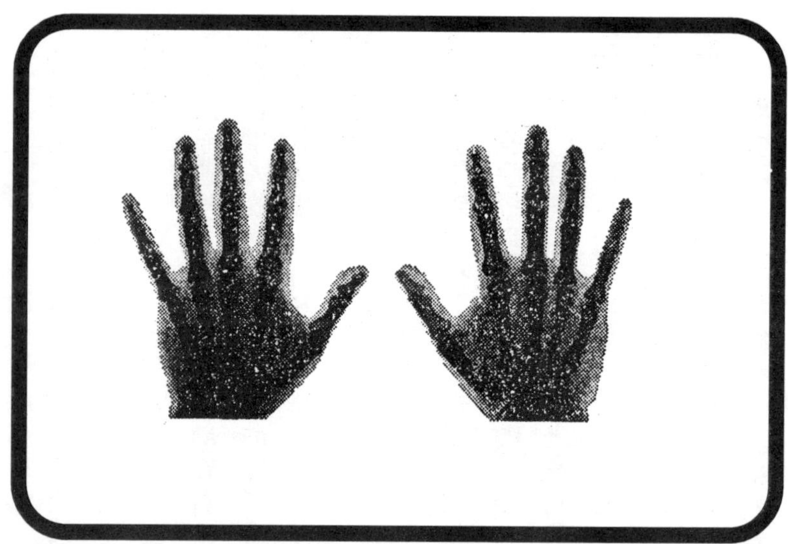

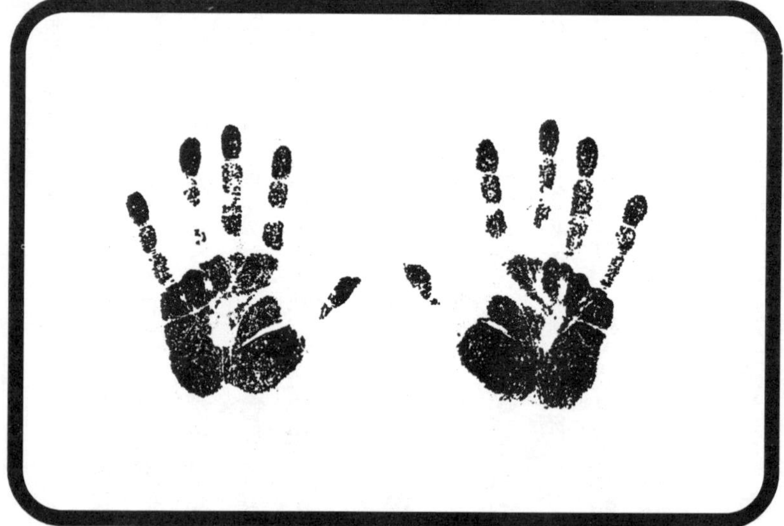

圖66　筆者左手骨骼的Ｘ光照片（上）和他的手相（下）。

較大，右手的較小。在這頭狀骨下方有月骨、舟骨和豌豆骨，左右手幾乎相同。但就成人的骨骼而言，發育並不充分。

以上情形可給予如下的解釋。首先，左手頭狀骨發達，所以命運線會延長。但與頭狀骨相較，舟骨、月骨的發達較遲緩，故能推定掌中心與手腕不甚平衡，在手腕處會呈現數條紋線。

右手頭狀骨發育欠佳，因此命運線顯得不清晰。手腕側的骨骼也不太發達，所以掌中心與手腕側比左手平衡，不致如左手般產生數條紋線。

諸如此般，命運線是隨手的組織，尤其是與骨骼發育有關係的線紋，配合手的表皮下的骨骼發育，而有種種變化。

但猶如X光照片與紋線的關係所曾說明過的，命運線係以中指骨爲界被刻鏤下來的紋線。因爲手的骨骼中，中指骨最長，同時手腕骨當中支撐中指的頭狀骨也最大、最牢固，故以中指骨爲界而容易產生紋路。更何況手骨骼也好似有規則性地以中指骨爲中心，向左右順序發育。

同時，手部運動隨著長大成人，也會使拇指和小指一起內轉到掌方向的運動增多，故由中指根部容易形成垂直的紋線，亦即手骨骼和手的肌肉只要在沒有異常下發育，命運線就會成為一條明確的紋線。可是如果手的組織在中指骨的左右方向發育不規則時，紋線將不是一條，而是數條；並且手的組織和指的運動不十分發育時，命運線即不會出現。

前述自各層面探討了手紋的形成原因。透過以上的研究可明確了解三條主要線以外的紋線，是由手指的運動和手的機能產生，但三條主要線並非藉由手指運動而產生。那麼，這三條主要線是如何形成的？這是非常複雜的問題，想以科學實證其原因幾乎不可能，但我個人認為，是手上四種不同性質的力量互相牽制所致。

我推測這四種力量是在母胎中發生，隨著手部機能發達的同時而萌芽。這些力量在手上平衡發展，會形成三條有規則的紋線；但當這種平衡喪失時，則會變形或引起異常。有關我的這種想法，我爾後當持續研究下去，並期待多數科學家的切磋砥礪。

2 手紋有何意義？

手分二個部分——C・沃爾夫說

人類手相的形成之所以遠比猿類複雜，可由上述給予相當程度的說明。但爲什麼憑著那些紋線，就能了解個別的性格和體況呢？這真是難解的問題。前記的解剖學家凱斯認爲，從手紋的特徵判斷性格或體況，或據以占卜，是完全無意義的事。也有學者認爲，就連大腦的紋路都沒有意義了，遑論手紋?!

可是我卻認爲，手及手的四個機能所刻鏤下來的紋路，係對我們的精神生活與體況變化相當敏感的部分。

當前在歐洲公認最科學的手相研究家C・沃爾夫，以手的中指爲界，將拇指側稱爲意識部分，小指側稱爲無意識部分。根據手的神經構造在拇指與小指側之性質不同，或拇指、食指進行意識性動作時——例如用手指指出方向或抓物時，常使用這部分，而小指側的動作又多半是反射性等，可對此加以理解。

循此，我認爲手可能有不同性質的二個部分。若更仔細考察，還可發現它們在機能層面上亦有很大差異。

透過日常生活，很多人都體驗過手所具有的神秘性質。我們對於日常的經驗雖然不太留神，其中卻不乏不可思議的事物。

例如，用食指和中指交叉著觸摸物品，會有一種奇妙的感覺。雖然只接觸到一種物品，卻會覺得好似觸及二種不同的物品。再者，若兩手盤旋著交叉而活動中指，會感覺中指不太靈活。這一切表示什麼呢？

我們的手如未形成正常的形態，或未做出本來應有的動作，不但不能抓物，也不能投擲，更不能藉著觸摸充分理解物品的樣狀；甚至連位置感覺也會錯亂。然而只要手形正常，就算眼睛看不見，也可理解自己手所掌握的東西的樣狀。倘若你不相信，不妨將友人的眼睛蒙住，給予剪成三角形或四角形的厚紙，令其猜測紙的形狀。想必你的友人不難說出正確的形狀。如果再令他描繪紙形，其大小可能也不會出入太大。這其間你不妨仔細觀察友人的手部動作，通常你會發現他多半使用拇指、食指和中指。

又，幼兒發現所喜愛或感興趣的東西時，也以伸出食指居多。這表示幼兒是將自己的意圖透過手——特別是食指，進行表達。不僅幼兒如此，一般成人亦然。政治家試圖令對方接納自己的意見時，手部動作亦何嘗不是多靠食指進行。

可是如果你觀察過孩子吃驚時的身體表情，你可能會發現他的手有複雜的動作。大抵而言，他必是緊握著手指，而且手掌滲著汗水。此際，亦可觀察到他的小指和無名指側特別用力。

故手指的運動顯然以食指更具反射性作用。輕觸初生孩兒的掌，他會反射性的握指，此際，手指的運動中以小指、無名指較強力。可見就成人而言，當面臨考試或精神上相當緊張時，不知不覺中會加重小指、無名指側的力量。

針灸醫學和我的四分說

諸如此般，我們的手和指深受心的變化或體況影響，並且能對一些變化敏感反應。C．沃爾夫則是將此複雜的手部機能分爲二部分進行研究。但一如前述，我認爲手有四種不同的機能，配合各該部分對應不同的心境。

那麼就醫學而言，在手的四個區分是否出現了四種不同的生理性質呢？針對此點，尚未有周全的醫學解明。

但最近其科學性已漸被認識的針灸醫學認爲，手是身體的重要部分，從身體的各器官，連繫著將其變化傳達到手上的組織。這組織就是針灸醫學所謂的「經絡」，而身體的一切經絡則都聚集於手部。又，手部的經絡與前述手的四個區分相當類似。手的經絡如下：（圖67）

①位於拇指與拇指球——太陰肺經

②位於食指與中指附近——陽明大腸經

③位於小指、無名指的部分——少陰心經、少陽三焦經

④位於手腕與小指球——厥陰心包經、少陰心經

現代醫學上也逐漸認定有此經絡的存在。例如，經絡與主張內臟一旦發生變化，特定皮膚會感到刺激與痛的「海特氏感覺過敏區」若合符節。最近，海特氏過敏區更被深入研究，獲得了諸多成果。尤其通過脊髓的「皮膚分節」研究，已實驗性地發現手存在著性質殊異的分節。圖68所示，就是手的皮膚分節。憑藉該圖可理解分爲拇指、食指與中指、無名指與小指的三個分節。

此處我且根據我們的手的四個部分，直接顯示身體的特徵此一想法，採行

圖67　經絡。取材自東方醫學（針與灸）。

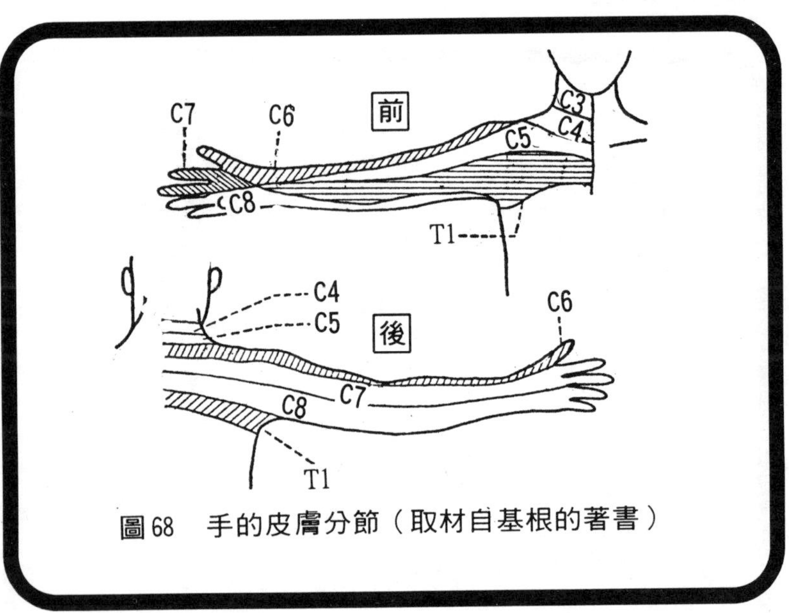

圖68　手的皮膚分節（取材自基根的著書）

如下的推定。

拇指表示身體的什麼特徵？

就針灸醫學上的經絡而言，「太陰肺經」起於胃，通大腸、肺，經由氣管、喉頭，連接拇指。由此點可推測，拇指部分與呼吸器系統、消化器系統有關係。循此經絡，藉著針或灸進行治療而恢復健康的實例不在少數。

因此，拇指機能弱的人被認爲是呼吸器和消化器病弱的人。

而呼吸器與消化器及身體最重要的器官，與當事人的生命力和精力息息相關。

食指、中指與大腦有密切關係

這部分在針灸醫學屬「陽明大腸經」的經絡，與頭部、胸部關係密切。此外，尚有從食指，通過手外側到肩的經絡，以及從中指通過掌側，到胸部的經絡。以前記皮膚分節的觀點而言，恰相當於C7的部分。這部分在生理上與拇指部分具有同功能。因此，食指與中指都連繫著拇指而運動，若這種運動較弱時，可推定呼吸器、消化器的機能亦較弱。同時，這二部分以人手進化的觀點審視時，在手指的運動之中，格外與大腦的功能有密切關連。美國心理學家A・葛塞爾的研究報告即指出，使用食指與中指，是出生後四十週的幼兒才能辨到的事。這種結構是深可理解的。

亦即當視神經、聽神經發達時，隨著「視」、「聽」的範圍愈擴大，食指、中指的運動將更頻繁，這就意味著那種運動係由大腦進行有組織的統制。與其他指相較，食指、中指顯然與頭部、頸部有密切關係，且其神經構造亦能即刻對應大腦的命令。這種結構即足以說明上述的事實。

小指、無名指與心臟有密切關係

在針灸醫學上，這是屬「少陰心經」、「少陽三焦經」的經絡，係與心臟、大動脈、下肢連繫的部分。由圖68的皮膚分節圖可理解，脊髓神經（C8、T1）隸屬胸部的神經。據千葉大學醫學院的長濱善夫先生所言，他曾針對罹患惡性眼病的患者，循著針灸醫學上的這部分經絡，施以極微淺刺的針法，並調查其感覺（手的感覺），結果發現其連繫心臟部。又據美國華盛頓大學醫學院院長J．波尼卡所言，小指、無名指的部分，是對胸部和下半身的變化很敏感的部分。（註）

（註）Bonica. The Management of the Pain.

此外，有爲幼兒沐浴的經驗的人可能會發現，幼兒感到舒暢時，會作出足趾的運動，尤其會活動拇趾，使之一開一闔。此時若觀察其手的模樣，會發覺手指也在運動。如能更仔細注意，有時還可見其小指更加使勁伸直。

其實，成人亦不乏類此的經驗。試讓他人按摩你的小指側，你除了會感到快感外，足趾也會微微震動。反之，被搔足底時，手也會出現反射性動作，尤其是在小指側。

手腕、小指球表示身體的營養狀態

本部分爲「少陰心經」與「厥陰心包經」等經絡通過的部位，與腹部、胸部、生殖器官有關係。亦即係與西歐醫學上所謂皮膚分節的C8（頭部神經）、T1（胸部神經）有關係的部分。同時小指球、手腕的骨骼，在手中最後發達，自幼兒到青年期變化最慢。尤以支撐小指球肌肉的豌豆骨，是在手腕骨中發育最慢者，一直要到思春期才會完成。所以此部分與內分泌腺的發育（促進骨骼發育）有密切關係。

此外，這部分也集中著血管，故易於反映身體的營養狀態。

我的假說

前已述及手的四個部分可能與身體及心的變動有關係，所以我認爲出現於各該部分的紋線，並非無意中刻鏤的。那麼應如何說明刻在手上的紋線所表達的意義呢？以下是我的假說。

《生命線》

由拇指與拇指球的肌肉所形成，但這些肌肉與神經很早在母胎內發達；同時，這部分的骨骼最快發生；又，這部分被認爲與呼吸器、消化器系統有關係。就此點而言，剛好表示了由母胎所接受的條件及身體的發育狀況。所以生命力較弱的胎兒，或由母胎所接受的身體條件欠佳時，生命線不會只成爲一條，而會發生變化。由此看來，生命線與母胎內的發育狀態和體質密切相關。然其長度是否與生命力有關係，則啓人疑竇。

《智慧線》

這是基於中指、食指的肌肉與神經的發達而刻鏤下手的紋線，同時支配中指、食指肌肉的神經，在手中屬最高級。幼兒時代，中指、食指與拇指互相連繫而靈活活動，是視力相當發達以後的事。故爲手的肌肉中，最需要大腦意識性的統制者。也因此，藉由智慧線的特徵，可某程度了解當事人是幻想性的或理論性的人，及其才能的傾向等等。

但這部分非如古來的手相占卜般能夠判斷頭腦的好壞；毋寧說當事人的智能，與感情線的末端及生命線型有重大關係。

《感情線》

本紋線是由小指側的肌肉和神經的發達而形成；這部分與拇指和食指側相較，動作不能那般複雜。就發生學而言，肌肉與神經系統，係與軀幹部分關係密切的部分。據此觀之，拇指、食指側易受體性神經（動物性神經）的影響，這也是容易在無意識下，受自律神經（植物性神經）、內分泌系影響的部分。故可謂感情線部分與內臟器官（尤其是心臟）、性賀爾蒙機能有密切關係，也是表示當事人的性關心、愛情、情緒傾向的部分。

《命運線》

本紋線在幼兒時期不甚發達，一般要到九歲前後才長成。本紋線的發達，與掌中心部分的骨骼與肌肉的發達並行，故與手的機能發育、身體的成長有關係。尤其以中指的骨骼爲界，基於小指側與拇指側以及骨骼和肌肉的發育平衡，才形成了命運線。所以命運線消失或變形時，表示手的機能不完全——亦即表示身體的平衡不甚正常。自古以來，本紋線就認爲是表示我們命運的紋線。但與其說它表示命運線，毋寧說是表示身體發育狀況、精神緊張、不安、生活態度之非常重要的部分。

《其他附屬性紋線》

掌的小指球、拇指球附近，中指、無名指、小指根部附近的各種紋線，一般咸認係體況變異、分泌腺變化、骨骼（尤其手腕附近的手根骨）以及身體與精神的平衡錯亂等等壓力異常所致。故而藉由這些紋線的異常所出現的部位，可作爲了解身體變調、精神不安定、無意識中心情緊張的線索。

手相診斷的未來

由前文想必已理解，手相擁有相當多足以表示我們的人格、身體、精神等各種特徵的元素。因此手相占卜能夠占準，並非毫無根據。如能充分認識手所具備的心理的意義、發生學的及醫學的特徵，再配合應用過去手相占卜的經驗，可相當程度診斷當事人的人格特徵。

本書試圖以科學觀點解明手相，即緣此而來。但欲將手相診斷的方法納入科學的體系，仍有很多未解決的問題，所以只靠本書中所述判斷手相，是錯誤的。此處所言都不過是理解手相的一條線索罷了。手，是我們複雜的機能的一種表現，欲加以理解，只憑單純的想法或經驗是不夠的；尚須借助很多資料進行實證性的研究，以及手與身體各部位相繫之醫學性實驗或臨床研究。此外，還得集合心理學家、精神病理學家、一般醫學家，進行綜合性的研究。唯有透過有系統的研究，始能斷定「手相值得信賴」或「不值得信賴」。很顯然，對手相的科學性解明，現在才剛起步。

〔測驗的解答〕

五十一頁照片(1)——十九歲。手相型爲AOI型，可先判斷爲平凡類型的女性。智慧線型爲O型，成一直線，故爲一富於邏輯、喜好理論的人。由智慧線朝小指方向上揚的支線，表示這女性對物質的要求——亦即對金錢有強烈的關心。從感情線分出的支線，表示對他人的關懷、體貼。婚姻線一條，又不太長，是天生對男性不太關心的人。

根據以上的特徵來觀察命運線部分。手腕側——即二十歲前後的部分沒有明瞭的紋線，又多見十字形紋線，表示這女性十幾歲時經歷了不滿頻繁、家庭欠和的生活體驗。當時她在精神上顯得不安定，對異性的愛情也較脆弱。二十幾歲以後的命運線非常清晰地延伸，表示開始過精神安定的生活。代表二十歲前後的部分，有第二影響線交叉，所以結婚的時期應較早。

這位女性的經歷——現在某女子大學就學。九歲喪母，由後母養育。父親爲公司高幹，是相當嚴厲的人。

現在正陷入熱戀，但遭雙親反對。

五十頁照片(2)——二十二歲。手相型爲BHI型。生命線型爲B型，所以是極富行動性的女性。加上感情線、第二感情線的支線多，或斷或折，故可解釋她是感受性敏銳、感情面起伏不定的人。再者，感情線爲B型，智慧線爲H型，故感情容易形諸於外。

第二影響線多，也有第二感情線，婚姻線也長，所以是很能打動男性心理的有魅力女性，更何況她本身又對男性很感興趣，故是於戀愛上易横生枝節的類型。

生命線與智慧線的島型異常，意味幼年期病弱。

至於這位女性的現在及將來如何呢?現年二十二歲，故智慧線下方的命運線特徵，恰巧代表她的生活。相當於二十歲前後的部分，第二影響線多，表示與異性間輒生麻煩。尤其與第一影響線交叉的部分有二處，這對她的生活有重大影響。就年齡而言，應是二十歲到三十歲之間；我的判斷是二十三歲前後和二十六歲前後。她可能在這年齡時會結婚。

這位女性的經歷——現爲東京某公司的ＢＧ。小學生時代多病，曾二度住院。現在也是消化器系統的疾病多。在公司與男同事糾紛多，已被三次調職。

五十頁照片(3)——十八歲。手相型是ＤＬＩ型，性質平凡。Ｌ型的智慧線，表示幻想力敏銳。同時第一影響線多，所以自卑感強烈，感情線支線多，或斷或折，故可能是小心翼翼的人；即使心中燃燒著行將爆炸的憤怒，也會因膽怯而不敢表露於外。

智慧線延伸出的支線，表示多才多藝。智慧線中的二個島型異常，表示缺乏耐性，集中力不足，亦即無法淋漓盡致發揮自己的才能。第二影響線是在二十五歲前後，與命運線交叉，然後該部分又與長長的第一影響線交叉，故很難下定決心走上紅毯，或者會有遭他人妨害的事發生。

這位女性的經歷——女子短大學生。對詩、音樂興趣濃厚，嗜好也多。高中時代曾罹患輕度精神官能症而住院。

青島幸男先生的手相診斷——手相型爲ＤＬＩ型。感情線是淸淸晰晰的一條紋線，但生命線與智慧線並不明確，不成其爲一條紋線，混亂、錯綜。屬L型，自小指球內側有朝上方延伸的紋線，故能了解是幻想力很出色的人。現在請觀察命運線表示三十歲以前的過去的生活。命運線、第二命運線三條並列，向上下伸長，表示他在生活中對各種工作都懷著興趣。據說從以前到現在，曾經體驗的工作，包括美容師、廣播作家等，有十種類以上。

接著，命運線從表示三十八、九歲的部分起，有重大變化。這強烈表示他試圖邁向與過去不同的方向，故會表現出支配慾和事業家般的野心。

判斷手相型時，以下爲其基準。型的名稱，最上方爲「性格」，中間是「才能與關心」，下方則表示「對人關係」的態度。

例如B、L、Ⅱ的情形是：

B ─ 性格（外向、好勝）
L ─ 才能（文科型、幻想型）
Ⅱ ─ 對人關係（易動感情、易生偏差）

大展出版社有限公司
品冠文化出版社

圖書目錄

地址：台北市北投區（石牌）
致遠一路二段 12 巷 1 號
郵撥：0166955～1
電話：(02)28236031
28236033
傳真：(02)28272069

・法律專欄連載・電腦編號 58

台大法學院　　法律學系／策劃
法律服務社／編著

1. 別讓您的權利睡著了 [1]　200 元
2. 別讓您的權利睡著了 [2]　200 元

・秘傳占卜系列・電腦編號 14

1. 手相術	淺野八郎著	180 元
2. 人相術	淺野八郎著	180 元
3. 西洋占星術	淺野八郎著	180 元
4. 中國神奇占卜	淺野八郎著	150 元
5. 夢判斷	淺野八郎著	150 元
6. 前世、來世占卜	淺野八郎著	150 元
7. 法國式血型學	淺野八郎著	150 元
8. 靈感、符咒學	淺野八郎著	150 元
9. 紙牌占卜學	淺野八郎著	150 元
10. ESP 超能力占卜	淺野八郎著	150 元
11. 猶太數的秘術	淺野八郎著	150 元
12. 新心理測驗	淺野八郎著	160 元
13. 塔羅牌預言秘法	淺野八郎著	200 元

・趣味心理講座・電腦編號 15

1. 性格測驗① 探索男與女	淺野八郎著	140 元
2. 性格測驗② 透視人心奧秘	淺野八郎著	140 元
3. 性格測驗③ 發現陌生的自己	淺野八郎著	140 元
4. 性格測驗④ 發現你的真面目	淺野八郎著	140 元
5. 性格測驗⑤ 讓你們吃驚	淺野八郎著	140 元
6. 性格測驗⑥ 洞穿心理盲點	淺野八郎著	140 元
7. 性格測驗⑦ 探索對方心理	淺野八郎著	140 元
8. 性格測驗⑧ 由吃認識自己	淺野八郎著	160 元
9. 性格測驗⑨ 戀愛知多少	淺野八郎著	160 元

10. 性格測驗⑩ 由裝扮瞭解人心　淺野八郎著　160元
11. 性格測驗⑪ 敲開內心玄機　淺野八郎著　140元
12. 性格測驗⑫ 透視你的未來　淺野八郎著　160元
13. 血型與你的一生　淺野八郎著　160元
14. 趣味推理遊戲　淺野八郎著　160元
15. 行為語言解析　淺野八郎著　160元

·婦幼天地· 電腦編號 16

1. 八萬人減肥成果　黃靜香譯　180元
2. 三分鐘減肥體操　楊鴻儒譯　150元
3. 窈窕淑女美髮秘訣　柯素娥譯　130元
4. 使妳更迷人　成　玉譯　130元
5. 女性的更年期　官舒妍編譯　160元
6. 胎內育兒法　李玉瓊編譯　150元
7. 早產兒袋鼠式護理　唐岱蘭譯　200元
8. 初次懷孕與生產　婦幼天地編譯組　180元
9. 初次育兒12個月　婦幼天地編譯組　180元
10. 斷乳食與幼兒食　婦幼天地編譯組　180元
11. 培養幼兒能力與性向　婦幼天地編譯組　180元
12. 培養幼兒創造力的玩具與遊戲　婦幼天地編譯組　180元
13. 幼兒的症狀與疾病　婦幼天地編譯組　180元
14. 腿部苗條健美法　婦幼天地編譯組　180元
15. 女性腰痛別忽視　婦幼天地編譯組　150元
16. 舒展身心體操術　李玉瓊編譯　130元
17. 三分鐘臉部體操　趙薇妮著　160元
18. 生動的笑容表情術　趙薇妮著　160元
19. 心曠神怡減肥法　川津祐介著　130元
20. 內衣使妳更美麗　陳玄茹譯　130元
21. 瑜伽美姿美容　黃靜香編著　180元
22. 高雅女性裝扮學　陳珮玲譯　180元
23. 蠶糞肌膚美顏法　坂梨秀子著　160元
24. 認識妳的身體　李玉瓊譯　160元
25. 產後恢復苗條體態　居理安・芙萊喬著　200元
26. 正確護髮美容法　山崎伊久江著　180元
27. 安琪拉美姿養生學　安琪拉蘭斯博瑞著　180元
28. 女體性醫學剖析　增田豐著　220元
29. 懷孕與生產剖析　岡部綾子著　180元
30. 斷奶後的健康育兒　東城百合子著　220元
31. 引出孩子幹勁的責罵藝術　多湖輝著　170元
32. 培養孩子獨立的藝術　多湖輝著　170元
33. 子宮肌瘤與卵巢囊腫　陳秀琳編著　180元
34. 下半身減肥法　納他夏・史達賓著　180元
35. 女性自然美容法　吳雅菁編著　180元

36. 再也不發胖　池園悅太郎著　170元
37. 生男生女控制術　中垣勝裕著　220元
38. 使妳的肌膚更亮麗　楊　皓編著　170元
39. 臉部輪廓變美　芝崎義夫著　180元
40. 斑點、皺紋自己治療　高須克彌著　180元
41. 面皰自己治療　伊藤雄康著　180元
42. 隨心所欲瘦身冥想法　原久子著　180元
43. 胎兒革命　鈴木丈織著　180元
44. NS磁氣平衡法塑造窈窕奇蹟　古屋和江著　180元
45. 享瘦從腳開始　山田陽子著　180元
46. 小改變瘦4公斤　宮本裕子著　180元
47. 軟管減肥瘦身　高橋輝男著　180元
48. 海藻精神秘美容法　劉名揚編著　180元
49. 肌膚保養與脫毛　鈴木真理著　180元
50. 10天減肥3公斤　彤雲編輯組　180元
51. 穿出自己的品味　西村玲子著　280元
52. 小孩髮型設計　李芳黛譯　250元

・青春天地・電腦編號17

1. A血型與星座　柯素娥編譯　160元
2. B血型與星座　柯素娥編譯　160元
3. O血型與星座　柯素娥編譯　160元
4. AB血型與星座　柯素娥編譯　120元
5. 青春期性教室　呂貴嵐編譯　130元
7. 難解數學破題　宋釗宜編譯　130元
9. 小論文寫作秘訣　林顯茂編譯　120元
11. 中學生野外遊戲　熊谷康編著　120元
12. 恐怖極短篇　柯素娥編譯　130元
13. 恐怖夜話　小毛驢編譯　130元
14. 恐怖幽默短篇　小毛驢編譯　120元
15. 黑色幽默短篇　小毛驢編譯　120元
16. 靈異怪談　小毛驢編譯　130元
17. 錯覺遊戲　小毛驢編著　130元
18. 整人遊戲　小毛驢編著　150元
19. 有趣的超常識　柯素娥編譯　130元
20. 哦！原來如此　林慶旺編譯　130元
21. 趣味競賽100種　劉名揚編譯　120元
22. 數學謎題入門　宋釗宜編譯　150元
23. 數學謎題解析　宋釗宜編譯　150元
24. 透視男女心理　林慶旺編譯　120元
25. 少女情懷的自白　李桂蘭編譯　120元
26. 由兄弟姊妹看命運　李玉瓊編譯　130元
27. 趣味的科學魔術　林慶旺編譯　150元

28. 趣味的心理實驗室　李燕玲編譯　150元
29. 愛與性心理測驗　小毛驢編譯　130元
30. 刑案推理解謎　小毛驢編譯　180元
31. 偵探常識推理　小毛驢編譯　180元
32. 偵探常識解謎　小毛驢編譯　130元
33. 偵探推理遊戲　小毛驢編譯　180元
34. 趣味的超魔術　廖玉山編著　150元
35. 趣味的珍奇發明　柯素娥編著　150元
36. 登山用具與技巧　陳瑞菊編著　150元
37. 性的漫談　蘇燕謀編著　180元
38. 無的漫談　蘇燕謀編著　180元
39. 黑色漫談　蘇燕謀編著　180元
40. 白色漫談　蘇燕謀編著　180元

・健 康 天 地・ 電腦編號 18

1. 壓力的預防與治療　柯素娥編譯　130元
2. 超科學氣的魔力　柯素娥編譯　130元
3. 尿療法治病的神奇　中尾良一著　130元
4. 鐵證如山的尿療法奇蹟　廖玉山譯　120元
5. 一日斷食健康法　葉慈容編譯　150元
6. 胃部強健法　陳炳崑譯　120元
7. 癌症早期檢查法　廖松濤譯　160元
8. 老人痴呆症防止法　柯素娥編譯　130元
9. 松葉汁健康飲料　陳麗芬編譯　130元
10. 揉肚臍健康法　永井秋夫著　150元
11. 過勞死、猝死的預防　卓秀貞編譯　130元
12. 高血壓治療與飲食　藤山順豐著　180元
13. 老人看護指南　柯素娥編譯　150元
14. 美容外科淺談　楊啟宏著　150元
15. 美容外科新境界　楊啟宏著　150元
16. 鹽是天然的醫生　西英司郎著　140元
17. 年輕十歲不是夢　梁瑞麟譯　200元
18. 茶料理治百病　桑野和民著　180元
19. 綠茶治病寶典　桑野和民著　150元
20. 杜仲茶養顏減肥法　西田博著　150元
21. 蜂膠驚人療效　瀨長良三郎著　180元
22. 蜂膠治百病　瀨長良三郎著　180元
23. 醫藥與生活(一)　鄭炳全著　180元
24. 鈣長生寶典　落合敏著　180元
25. 大蒜長生寶典　木下繁太郎著　160元
26. 居家自我健康檢查　石川恭三著　160元
27. 永恆的健康人生　李秀鈴譯　200元
28. 大豆卵磷脂長生寶典　劉雪卿譯　150元

29. 芳香療法　梁艾琳譯　160 元
30. 醋長生寶典　柯素娥譯　180 元
31. 從星座透視健康　席拉・吉蒂斯著　180 元
32. 愉悅自在保健學　野本二士夫著　160 元
33. 裸睡健康法　丸山淳士等著　160 元
34. 糖尿病預防與治療　藤田順豐著　180 元
35. 維他命長生寶典　菅原明子著　180 元
36. 維他命 C 新效果　鐘文訓編　150 元
37. 手、腳病理按摩　堤芳朗著　160 元
38. AIDS 瞭解與預防　彼得塔歇爾著　180 元
39. 甲殼質殼聚糖健康法　沈永嘉譯　160 元
40. 神經痛預防與治療　木下真男著　160 元
41. 室內身體鍛鍊法　陳炳崑編著　160 元
42. 吃出健康藥膳　劉大器編著　180 元
43. 自我指壓術　蘇燕謀編著　160 元
44. 紅蘿蔔汁斷食療法　李玉瓊編著　150 元
45. 洗心術健康秘法　竺翠萍編譯　170 元
46. 枇杷葉健康療法　柯素娥編譯　180 元
47. 抗衰血癒　楊啟宏著　180 元
48. 與癌搏鬥記　逸見政孝著　180 元
49. 冬蟲夏草長生寶典　高橋義博著　170 元
50. 痔瘡・大腸疾病先端療法　宮島伸宜著　180 元
51. 膠布治癒頑固慢性病　加瀨建造著　180 元
52. 芝麻神奇健康法　小林貞作著　170 元
53. 香煙能防止癡呆？　高田明和著　180 元
54. 穀菜食治癌療法　佐藤成志著　180 元
55. 貼藥健康法　松原英多著　180 元
56. 克服癌症調和道呼吸法　帶津良一著　180 元
57. B 型肝炎預防與治療　野村喜重郎著　180 元
58. 青春永駐養生導引術　早島正雄著　180 元
59. 改變呼吸法創造健康　原久子著　180 元
60. 荷爾蒙平衡養生秘訣　出村博著　180 元
61. 水美肌健康法　井戶勝富著　170 元
62. 認識食物掌握健康　廖梅珠編著　170 元
63. 痛風劇痛消除法　鈴木吉彥著　180 元
64. 酸莖菌驚人療效　上田明彥著　180 元
65. 大豆卵磷脂治現代病　神津健一著　200 元
66. 時辰療法—危險時刻凌晨 4 時　呂建強等著　180 元
67. 自然治癒力提升法　帶津良一著　180 元
68. 巧妙的氣保健法　藤平墨子著　180 元
69. 治癒 C 型肝炎　熊田博光著　180 元
70. 肝臟病預防與治療　劉名揚編著　180 元
71. 腰痛平衡療法　荒井政信著　180 元
72. 根治多汗症、狐臭　稻葉益巳著　220 元

73. 40 歲以後的骨質疏鬆症　沈永嘉譯　180 元
74. 認識中藥　松下一成著　180 元
75. 認識氣的科學　佐佐木茂美著　180 元
76. 我戰勝了癌症　安田伸著　180 元
77. 斑點是身心的危險信號　中野進著　180 元
78. 艾波拉病毒大震撼　玉川重德著　180 元
79. 重新還我黑髮　桑名隆一郎著　180 元
80. 身體節律與健康　林博史著　180 元
81. 生薑治萬病　石原結實著　180 元
82. 靈芝治百病　陳瑞東著　180 元
83. 木炭驚人的威力　大槻彰著　200 元
84. 認識活性氧　井上貴司著　180 元
85. 深海鮫治百病　廖玉山編著　180 元
86. 神奇的蜂王乳　井上丹治著　180 元
87. 卡拉 OK 健腦法　東潔著　180 元
88. 卡拉 OK 健康法　福田伴男著　180 元
89. 醫藥與生活㈡　鄭炳全著　200 元
90. 洋蔥治百病　宮尾興平著　180 元
91. 年輕 10 歲快步健康法　石塚忠雄著　180 元
92. 石榴的驚人神效　岡本順子著　180 元
93. 飲料健康法　白鳥早奈英著　180 元
94. 健康棒體操　劉名揚編譯　180 元
95. 催眠健康法　蕭京凌編著　180 元
96. 鬱金（美王）治百病　水野修一著　180 元
97. 醫藥與生活㈢　鄭炳全著　200 元

・實用女性學講座・電腦編號 19

1. 解讀女性內心世界　島田一男著　150 元
2. 塑造成熟的女性　島田一男著　150 元
3. 女性整體裝扮學　黃靜香編著　180 元
4. 女性應對禮儀　黃靜香編著　180 元
5. 女性婚前必修　小野十傳著　200 元
6. 徹底瞭解女人　田口二州著　180 元
7. 拆穿女性謊言 88 招　島田一男著　200 元
8. 解讀女人心　島田一男著　200 元
9. 俘獲女性絕招　志賀貢著　200 元
10. 愛情的壓力解套　中村理英子著　200 元
11. 妳是人見人愛的女孩　廖松濤編著　200 元

・校園系列・電腦編號 20

1. 讀書集中術　多湖輝著　180 元

2. 應考的訣竅　多湖輝著　150元
3. 輕鬆讀書贏得聯考　多湖輝著　150元
4. 讀書記憶秘訣　多湖輝著　150元
5. 視力恢復！超速讀術　江錦雲譯　180元
6. 讀書36計　黃柏松編著　180元
7. 驚人的速讀術　鐘文訓編著　170元
8. 學生課業輔導良方　多湖輝著　180元
9. 超速讀超記憶法　廖松濤編著　180元
10. 速算解題技巧　宋釗宜編著　200元
11. 看圖學英文　陳炳崑編著　200元
12. 讓孩子最喜歡數學　沈永嘉譯　180元
13. 催眠記憶術　林碧清譯　180元
14. 催眠速讀術　林碧清譯　180元
15. 數學式思考學習法　劉淑錦譯　200元
16. 考試憑要領　劉孝暉著　180元
17. 事半功倍讀書法　王毅希著　200元
18. 超金榜題名術　陳蒼杰譯　200元
19. 靈活記憶術　林耀慶編著　180元

・實用心理學講座・電腦編號21

1. 拆穿欺騙伎倆　多湖輝著　140元
2. 創造好構想　多湖輝著　140元
3. 面對面心理術　多湖輝著　160元
4. 偽裝心理術　多湖輝著　140元
5. 透視人性弱點　多湖輝著　140元
6. 自我表現術　多湖輝著　180元
7. 不可思議的人性心理　多湖輝著　180元
8. 催眠術入門　多湖輝著　150元
9. 責罵部屬的藝術　多湖輝著　150元
10. 精神力　多湖輝著　150元
11. 厚黑說服術　多湖輝著　150元
12. 集中力　多湖輝著　150元
13. 構想力　多湖輝著　150元
14. 深層心理術　多湖輝著　160元
15. 深層語言術　多湖輝著　160元
16. 深層說服術　多湖輝著　180元
17. 掌握潛在心理　多湖輝著　160元
18. 洞悉心理陷阱　多湖輝著　180元
19. 解讀金錢心理　多湖輝著　180元
20. 拆穿語言圈套　多湖輝著　180元
21. 語言的內心玄機　多湖輝著　180元
22. 積極力　多湖輝著　180元

・超現實心理講座・電腦編號 22

1. 超意識覺醒法	詹蔚芬編譯	130 元
2. 護摩秘法與人生	劉名揚編譯	130 元
3. 秘法！超級仙術入門	陸明譯	150 元
4. 給地球人的訊息	柯素娥編著	150 元
5. 密教的神通力	劉名揚編著	130 元
6. 神秘奇妙的世界	平川陽一著	200 元
7. 地球文明的超革命	吳秋嬌譯	200 元
8. 力量石的秘密	吳秋嬌譯	180 元
9. 超能力的靈異世界	馬小莉譯	200 元
10. 逃離地球毀滅的命運	吳秋嬌譯	200 元
11. 宇宙與地球終結之謎	南山宏著	200 元
12. 驚世奇功揭秘	傅起鳳著	200 元
13. 啟發身心潛力心象訓練法	栗田昌裕著	180 元
14. 仙道術遁甲法	高藤聰一郎著	220 元
15. 神通力的秘密	中岡俊哉著	180 元
16. 仙人成仙術	高藤聰一郎著	200 元
17. 仙道符咒氣功法	高藤聰一郎著	220 元
18. 仙道風水術尋龍法	高藤聰一郎著	200 元
19. 仙道奇蹟超幻像	高藤聰一郎著	200 元
20. 仙道鍊金術房中法	高藤聰一郎著	200 元
21. 奇蹟超醫療治癒難病	深野一幸著	220 元
22. 揭開月球的神秘力量	超科學研究會	180 元
23. 西藏密教奧義	高藤聰一郎著	250 元
24. 改變你的夢術入門	高藤聰一郎著	250 元
25. 21 世紀拯救地球超技術	深野一幸著	250 元

・養 生 保 健・電腦編號 23

1. 醫療養生氣功	黃孝寬著	250 元
2. 中國氣功圖譜	余功保著	250 元
3. 少林醫療氣功精粹	井玉蘭著	250 元
4. 龍形實用氣功	吳大才等著	220 元
5. 魚戲增視強身氣功	宮 嬰著	220 元
6. 嚴新氣功	前新培金著	250 元
7. 道家玄牝氣功	張 章著	200 元
8. 仙家秘傳袪病功	李遠國著	160 元
9. 少林十大健身功	秦慶豐著	180 元
10. 中國自控氣功	張明武著	250 元
11. 醫療防癌氣功	黃孝寬著	250 元
12. 醫療強身氣功	黃孝寬著	250 元
13. 醫療點穴氣功	黃孝寬著	250 元

14. 中國八卦如意功　趙維漢著　180 元
15. 正宗馬禮堂養氣功　馬禮堂著　420 元
16. 秘傳道家筋經內丹功　王慶餘著　280 元
17. 三元開慧功　辛桂林著　250 元
18. 防癌治癌新氣功　郭　林著　180 元
19. 禪定與佛家氣功修煉　劉天君著　200 元
20. 顛倒之術　梅自強著　360 元
21. 簡明氣功辭典　吳家駿編　360 元
22. 八卦三合功　張全亮著　230 元
23. 朱砂掌健身養生功　楊永著　250 元
24. 抗老功　陳九鶴著　230 元
25. 意氣按穴排濁自療法　黃啟運編著　250 元
26. 陳式太極拳養生功　陳正雷著　200 元
27. 健身祛病小功法　王培生著　200 元
28. 張式太極混元功　張春銘著　250 元
29. 中國璇密功　羅琴編著　250 元

・社會人智囊・電腦編號 24

1. 糾紛談判術　清水增三著　160 元
2. 創造關鍵術　淺野八郎著　150 元
3. 觀人術　淺野八郎著　180 元
4. 應急詭辯術　廖英迪編著　160 元
5. 天才家學習術　木原武一著　160 元
6. 貓型狗式鑑人術　淺野八郎著　180 元
7. 逆轉運掌握術　淺野八郎著　180 元
8. 人際圓融術　澀谷昌三著　160 元
9. 解讀人心術　淺野八郎著　180 元
10. 與上司水乳交融術　秋元隆司著　180 元
11. 男女心態定律　小田晉著　180 元
12. 幽默說話術　林振輝編著　200 元
13. 人能信賴幾分　淺野八郎著　180 元
14. 我一定能成功　李玉瓊譯　180 元
15. 獻給青年的嘉言　陳蒼杰譯　180 元
16. 知人、知面、知其心　林振輝編著　180 元
17. 塑造堅強的個性　坂上肇著　180 元
18. 為自己而活　佐藤綾子著　180 元
19. 未來十年與愉快生活有約　船井幸雄著　180 元
20. 超級銷售話術　杜秀卿譯　180 元
21. 感性培育術　黃靜香編著　180 元
22. 公司新鮮人的禮儀規範　蔡媛惠譯　180 元
23. 傑出職員鍛錬術　佐佐木正著　180 元
24. 面談獲勝戰略　李芳黛譯　180 元
25. 金玉良言撼人心　森純大著　180 元

26. 男女幽默趣典　劉華亭編著　180 元
27. 機智說話術　劉華亭編著　180 元
28. 心理諮商室　柯素娥譯　180 元
29. 如何在公司崢嶸頭角　佐佐木正著　180 元
30. 機智應對術　李玉瓊編著　200 元
31. 克服低潮良方　坂野雄二著　180 元
32. 智慧型說話技巧　沈永嘉編著　180 元
33. 記憶力、集中力增進術　廖松濤編著　180 元
34. 女職員培育術　林慶旺編著　180 元
35. 自我介紹與社交禮儀　柯素娥編著　180 元
36. 積極生活創幸福　田中真澄著　180 元
37. 妙點子超構想　多湖輝著　180 元
38. 說 NO 的技巧　廖玉山編著　180 元
39. 一流說服力　李玉瓊編著　180 元
40. 般若心經成功哲學　陳鴻蘭編著　180 元
41. 訪問推銷術　黃靜香編著　180 元
42. 男性成功秘訣　陳蒼杰編著　180 元
43. 笑容、人際智商　宮川澄子著　180 元
44. 多湖輝的構想工作室　多湖輝著　200 元
45. 名人名語啟示錄　喬家楓著　180 元
46. 口才必勝術　黃柏松編著　220 元
47. 能言善道的說話術　章智冠編著　180 元
48. 改變人心成為贏家　多湖輝著　200 元
49. 說服的ＩＱ　沈永嘉譯　200 元
50. 提升腦力超速讀術　齊藤英治著　200 元
51. 操控對手百戰百勝　多湖輝著　200 元
52. 面試成功戰略　柯素娥編著　200 元
53. 摸透男人心　劉華亭編著　180 元
54. 撼動人心優勢口才　龔伯牧編著　180 元

·精選系列·電腦編號 25

1. 毛澤東與鄧小平　渡邊利夫等著　280 元
2. 中國大崩裂　江戶介雄著　180 元
3. 台灣·亞洲奇蹟　上村幸治著　220 元
4. 7-ELEVEN 高盈收策略　國友隆一著　180 元
5. 台灣獨立（新·中國日本戰爭一）　森詠著　200 元
6. 迷失中國的末路　江戶雄介著　220 元
7. 2000 年 5 月全世界毀滅　紫藤甲子男著　180 元
8. 失去鄧小平的中國　小島朋之著　220 元
9. 世界史爭議性異人傳　桐生操著　200 元
10. 淨化心靈享人生　松濤弘道著　220 元
11. 人生心情診斷　賴藤和寬著　220 元
12. 中美大決戰　檜山良昭著　220 元

13. 黃昏帝國美國　莊雯琳譯　220 元
14. 兩岸衝突（新・中國日本戰爭二）　森詠著　220 元
15. 封鎖台灣（新・中國日本戰爭三）　森詠著　220 元
16. 中國分裂（新・中國日本戰爭四）　森詠著　220 元
17. 由女變男的我　虎井正衛著　200 元
18. 佛學的安心立命　松濤弘道著　220 元
19. 世界喪禮大觀　松濤弘道著　280 元
20. 中國內戰（新・中國日本戰爭五）　森詠著　220 元
21. 台灣內亂（新・中國日本戰爭六）　森詠著　220 元
22. 琉球戰爭①（新・中國日本戰爭七）　森詠著　220 元
23. 琉球戰爭②（新・中國日本戰爭八）　森詠著　220 元

・運動遊戲・電腦編號 26

1. 雙人運動　李玉瓊譯　160 元
2. 愉快的跳繩運動　廖玉山譯　180 元
3. 運動會項目精選　王佑京譯　150 元
4. 肋木運動　廖玉山譯　150 元
5. 測力運動　王佑宗譯　150 元
6. 游泳入門　唐桂萍編著　200 元
7. 帆板衝浪　王勝利譯　300 元

・休閒娛樂・電腦編號 27

1. 海水魚飼養法　田中智浩著　300 元
2. 金魚飼養法　曾雪玫譯　250 元
3. 熱門海水魚　毛利匡明著　480 元
4. 愛犬的教養與訓練　池田好雄著　250 元
5. 狗教養與疾病　杉浦哲著　220 元
6. 小動物養育技巧　三上昇著　300 元
7. 水草選擇、培育、消遣　安齊裕司著　300 元
8. 四季釣魚法　釣朋會著　200 元
9. 簡易釣魚入門　張果馨譯　200 元
10. 防波堤釣入門　張果馨譯　220 元
20. 園藝植物管理　船越亮二著　220 元
30. 汽車急救ＤＩＹ　陳瑞雄編著　200 元
31. 巴士旅行遊戲　陳羲編著　180 元
32. 測驗你的ＩＱ　蕭京凌編著　180 元
33. 益智數字遊戲　廖玉山編著　180 元
40. 撲克牌遊戲與贏牌秘訣　林振輝編著　180 元
41. 撲克牌魔術、算命、遊戲　林振輝編著　180 元
42. 撲克占卜入門　王家成編著　180 元
50. 兩性幽默　幽默選集編輯組　180 元

51. 異色幽默	幽默選集編輯組	180 元

・銀髮族智慧學・電腦編號 28

1. 銀髮六十樂逍遙	多湖輝著	170 元
2. 人生六十反年輕	多湖輝著	170 元
3. 六十歲的決斷	多湖輝著	170 元
4. 銀髮族健身指南	孫瑞台編著	250 元
5. 退休後的夫妻健康生活	施聖茹譯	200 元

・飲 食 保 健・電腦編號 29

1. 自己製作健康茶	大海淳著	220 元
2. 好吃、具藥效茶料理	德永睦子著	220 元
3. 改善慢性病健康藥草茶	吳秋嬌譯	200 元
4. 藥酒與健康果菜汁	成玉編著	250 元
5. 家庭保健養生湯	馬汴梁編著	220 元
6. 降低膽固醇的飲食	早川和志著	200 元
7. 女性癌症的飲食	女子營養大學	280 元
8. 痛風者的飲食	女子營養大學	280 元
9. 貧血者的飲食	女子營養大學	280 元
10. 高脂血症者的飲食	女子營養大學	280 元
11. 男性癌症的飲食	女子營養大學	280 元
12. 過敏者的飲食	女子營養大學	280 元
13. 心臟病的飲食	女子營養大學	280 元
14. 滋陰壯陽的飲食	王增著	220 元
15. 胃、十二指腸潰瘍的飲食	勝健一等著	280 元
16. 肥胖者的飲食	雨宮禎子等著	280 元

・家庭醫學保健・電腦編號 30

1. 女性醫學大全	雨森良彥著	380 元
2. 初為人父育兒寶典	小瀧周曹著	220 元
3. 性活力強健法	相建華著	220 元
4. 30 歲以上的懷孕與生產	李芳黛編著	220 元
5. 舒適的女性更年期	野末悅子著	200 元
6. 夫妻前戲的技巧	笠井寬司著	200 元
7. 病理足穴按摩	金慧明著	220 元
8. 爸爸的更年期	河野孝旺著	200 元
9. 橡皮帶健康法	山田晶著	180 元
10. 三十三天健美減肥	相建華等著	180 元
11. 男性健美入門	孫玉祿編著	180 元
12. 強化肝臟秘訣	主婦の友社編	200 元

13. 了解藥物副作用　張果馨譯　200 元
14. 女性醫學小百科　松山榮吉著　200 元
15. 左轉健康法　龜田修等著　200 元
16. 實用天然藥物　鄭炳全編著　260 元
17. 神秘無痛平衡療法　林宗駛著　180 元
18. 膝蓋健康法　張果馨譯　180 元
19. 針灸治百病　葛書翰著　250 元
20. 異位性皮膚炎治癒法　吳秋嬌譯　220 元
21. 禿髮白髮預防與治療　陳炳崑編著　180 元
22. 埃及皇宮菜健康法　飯森薰著　200 元
23. 肝臟病安心治療　上野幸久著　220 元
24. 耳穴治百病　陳抗美等著　250 元
25. 高效果指壓法　五十嵐康彥著　200 元
26. 瘦水、胖水　鈴木園子著　200 元
27. 手針新療法　朱振華著　200 元
28. 香港腳預防與治療　劉小惠譯　250 元
29. 智慧飲食吃出健康　柯富陽編著　200 元
30. 牙齒保健法　廖玉山編著　200 元
31. 恢復元氣養生食　張果馨譯　200 元
32. 特效推拿按摩術　李玉田著　200 元
33. 一週一次健康法　若狹真著　200 元
34. 家常科學膳食　大塚滋著　220 元
35. 夫妻們閱讀的男性不孕　原利夫著　220 元
36. 自我瘦身美容　馬野詠子著　200 元
37. 魔法姿勢益健康　五十嵐康彥著　200 元
38. 眼病錘療法　馬栩周著　200 元
39. 預防骨質疏鬆症　藤田拓男著　200 元
40. 骨質增生效驗方　李吉茂編著　250 元
41. 蕺菜健康法　小林正夫著　200 元
42. 赧於啟齒的男性煩惱　增田豐著　220 元
43. 簡易自我健康檢查　稻葉允著　250 元
44. 實用花草健康法　友田純子著　200 元
45. 神奇的手掌療法　日比野喬著　230 元
46. 家庭式三大穴道療法　刑部忠和著　200 元
47. 子宮癌、卵巢癌　岡島弘幸著　220 元
48. 糖尿病機能性食品　劉雪卿編著　220 元
49. 奇蹟活現經脈美容法　林振輝編譯　200 元
50. Super SEX　秋好憲一著　220 元
51. 了解避孕丸　林玉佩譯　200 元
52. 有趣的遺傳學　蕭京凌編著　200 元
53. 強身健腦手指運動　羅群等著　250 元
54. 小周天健康法　莊雯琳譯　200 元
55. 中西醫結合醫療　陳蒼杰譯　200 元
56. 沐浴健康法　楊鴻儒譯　200 元

57. 節食瘦身秘訣　張芷欣編著　200 元
58. 酵素健康法　楊皓譯　200 元
59. 一天 10 分鐘健康太極拳　劉小惠譯　250 元
60. 中老年人疲勞消除法　五味雅吉著　220 元

・超經營新智慧・電腦編號 31

1. 躍動的國家越南　林雅倩譯　250 元
2. 甦醒的小龍菲律賓　林雅倩譯　220 元
3. 中國的危機與商機　中江要介著　250 元
4. 在印度的成功智慧　山內利男著　220 元
5. 7-ELEVEN 大革命　村上豐道著　200 元
6. 業務員成功秘方　呂育清編著　200 元
7. 在亞洲成功的智慧　鈴木讓二著　220 元
8. 圖解活用經營管理　山際有文著　220 元
9. 速效行銷學　江尻弘著　220 元
10. 猶太成功商法　周蓮芬編著　200 元
11. 工廠管理新手法　黃柏松編著　220 元

・親子系列・電腦編號 32

1. 如何使孩子出人頭地　多湖輝著　200 元
2. 心靈啟蒙教育　多湖輝著　280 元
3. 如何使孩子數學滿分　林明嬋編著　180 元
4. 終身受用的學習秘訣　李芳黛譯　200 元
5. 數學疑問破解　陳蒼杰譯　200 元

・雅致系列・電腦編號 33

1. 健康食譜春冬篇　丸元淑生著　200 元
2. 健康食譜夏秋篇　丸元淑生著　200 元
3. 純正家庭料理　陳建民等著　200 元
4. 家庭四川菜　陳建民著　200 元
5. 醫食同源健康美食　郭長聚著　200 元
6. 家族健康食譜　東畑朝子著　200 元

・美術系列・電腦編號 34

1. 可愛插畫集　鉛筆等著　220 元
2. 人物插畫集　鉛筆等著　180 元

・勞作系列・電腦編號 35

1. 活動玩具ＤＩＹ　李芳黛譯　230 元
2. 組合玩具ＤＩＹ　李芳黛譯　230 元
3. 花草遊戲ＤＩＹ　張果馨譯　250 元

・心 靈 雅 集・電腦編號 00

1. 禪言佛語看人生　松濤弘道著　180 元
2. 禪密教的奧秘　葉逯謙譯　120 元
3. 觀音大法力　田口日勝著　120 元
4. 觀音法力的大功德　田口日勝著　120 元
5. 達摩禪 106 智慧　劉華亭編譯　220 元
6. 有趣的佛教研究　葉逯謙編譯　170 元
7. 夢的開運法　蕭京凌譯　180 元
8. 禪學智慧　柯素娥編譯　130 元
9. 女性佛教入門　許俐萍譯　110 元
10. 佛像小百科　心靈雅集編譯組　130 元
11. 佛教小百科趣談　心靈雅集編譯組　120 元
12. 佛教小百科漫談　心靈雅集編譯組　150 元
13. 佛教知識小百科　心靈雅集編譯組　150 元
14. 佛學名言智慧　松濤弘道著　220 元
15. 釋迦名言智慧　松濤弘道著　220 元
16. 活人禪　平田精耕著　120 元
17. 坐禪入門　柯素娥編譯　150 元
18. 現代禪悟　柯素娥編譯　130 元
19. 道元禪師語錄　心靈雅集編譯組　130 元
20. 佛學經典指南　心靈雅集編譯組　130 元
21. 何謂「生」阿含經　心靈雅集編譯組　150 元
22. 一切皆空　般若心經　心靈雅集編譯組　180 元
23. 超越迷惘　法句經　心靈雅集編譯組　130 元
24. 開拓宇宙觀　華嚴經　心靈雅集編譯組　180 元
25. 真實之道　法華經　心靈雅集編譯組　130 元
26. 自由自在　涅槃經　心靈雅集編譯組　130 元
27. 沈默的教示　維摩經　心靈雅集編譯組　150 元
28. 開通心眼　佛語佛戒　心靈雅集編譯組　130 元
29. 揭秘寶庫　密教經典　心靈雅集編譯組　180 元
30. 坐禪與養生　廖松濤譯　110 元
31. 釋尊十戒　柯素娥編譯　120 元
32. 佛法與神通　劉欣如編著　120 元
33. 悟（正法眼藏的世界）　柯素娥編譯　120 元
34. 只管打坐　劉欣如編著　120 元
35. 喬答摩・佛陀傳　劉欣如編著　120 元

國家圖書館出版品預行編目資料

科學手相／淺野八郎著，楊鴻儒譯
－初版－臺北市，大展，民 89
面；21 公分－（生活廣場；9）
譯自：手相術
ISBN 957-557-994-1（平裝）
1. 手相
293.23　　　　89003143

科學手相　　ISBN 957-557-994-1

原著者／淺野八郎
編譯者／楊鴻儒
發行人／蔡森明
出版者／大展出版社有限公司
總經銷／品冠文化出版社
社　址／台北市北投區（石牌）致遠一路 2 段 12 巷 1 號
電　話／(02) 28236031・28236033・28233123
傳　真／(02) 28272069
郵政劃撥／01669551（大展）、19346241（品冠）
登記證／局版臺業字第 2171 號
承印者／高星印刷品行
裝　訂／嶸興裝訂有限公司
排版者／千兵企業有限公司
初版 1 刷／2000 年（民 89 年）5 月

定　價／230 元

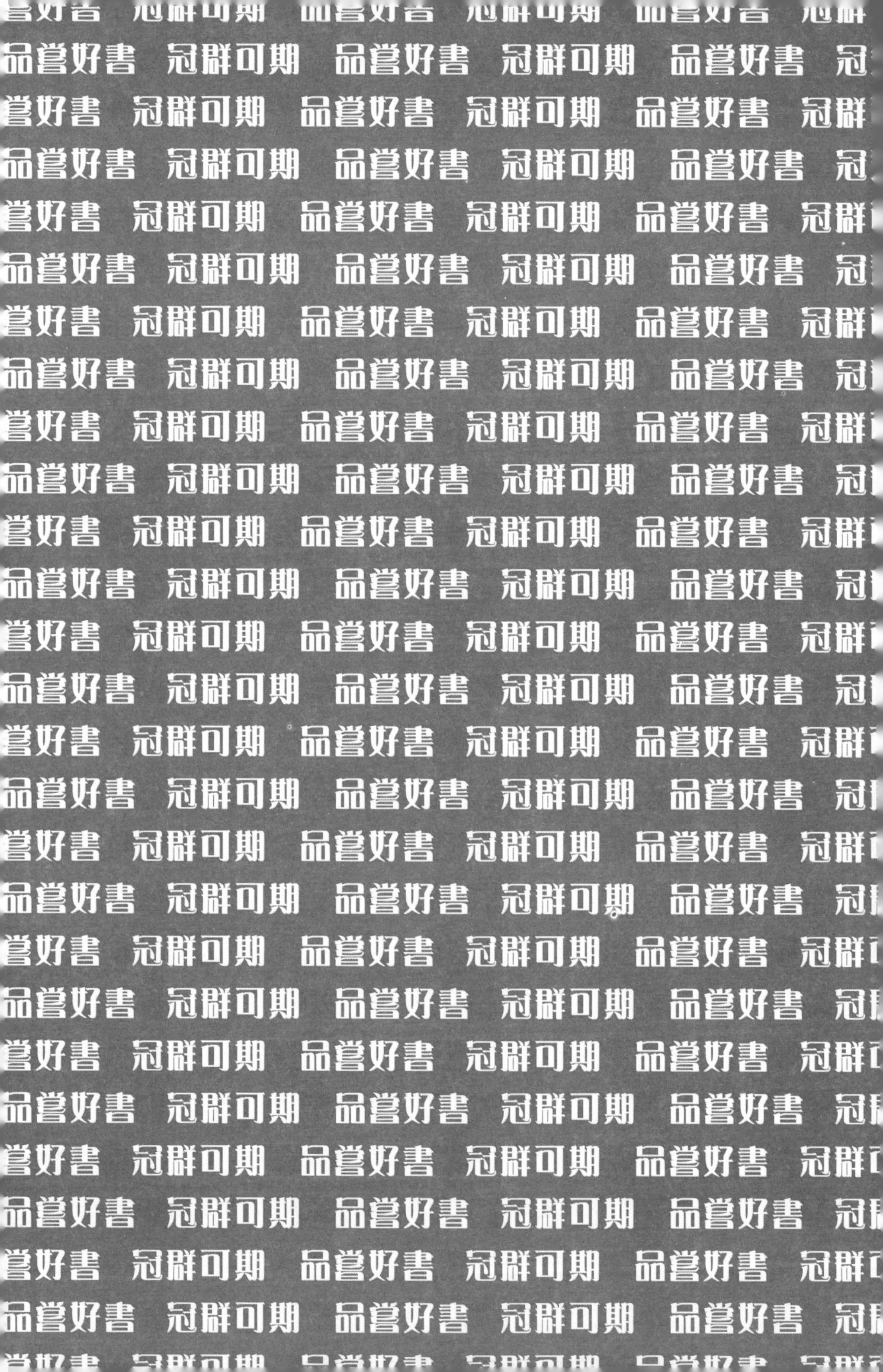
品嘗好書 冠群可期